Outsourcing Control

図解でわかる
外注管理
いちばん最初に読む本

城西コンサルタントグループ
神谷俊彦 編著
滝沢悟・野村純一・景山洋介 著

アニモ出版

はじめに

　企業のなかにおいては、「外注管理」という仕事は特殊な位置にあります。
　それは、ほぼどんな部門にいても担当する可能性があるのに、何をどのようにすればいいのか教えてもらえることはなく、教えてくれる部署もないということです。だから、外注管理の担当になった人は、最初は手探りで仕事をやっている人が多いのです。
　それでも仕事をしていくうちに理解してくるので、業務としては成り立っているのですが、いつまでたっても自信がないため新たな課題が出てくるような不安を抱えている部分があるのです。
　私も外注管理を業務とした経験がありますが、独立後、経営コンサルタントの仕事をしていろいろな例を見ていくうちに、不安の理由が明らかになりました。
　そのためこの本は、外注管理担当者の不安を解消するマニュアルになることを意識して執筆することにしました。

　なぜ、誰もが担当になるかもしれないのに、教えることができないのかには、次の3つの理由があります。
①「外注管理」の定義が明確ではない。対象となる外注企業は大企業から中小企業まで幅広いので、すべてを一言で語りにくい。
②担当者が解決しなければならない問題は、企業のあらゆる問題に関係しており、言い換えれば企業のあらゆる問題を解決できる能力が要求される。
③「外注管理」に問題が起きると、担当者はマイナス評価になるが、では、何が成果となってプラス評価されるのかがわかりにくい。

　そもそも外注管理は、経営課題や事業課題と密接にからんでいることが多く、何が正解なのか見えにくくなっています。

したがって、外注管理について業務マニュアルをつくるには、対象となる範囲が広く、出てくる課題も企業のあらゆるジャンルに関係してくるため、整理がしにくいし、その全容を教えることができる人もきわめて限られる、ということです。

　本書では、外注管理の全容から業態別の問題点まで整理して、概要を把握できるのはもちろん、実務的にも使えるように工夫しています。
　外注管理に携わっている経営者や管理者、そして現場の前線で実際に管理をしている人が、そばに置いていつでも確認できる内容になっています。
　繰り返しになりますが、外注管理は企業で仕事をする限り、どんな人にも担当する可能性があります。
　しかも、結局は外注管理も日常業務ですから、問題が発生したり、テーマが変わったりと、何も起こらないことはない、という状況に立ち向かうことになります。
　本書を通して、計画立案から日々の問題解決まで外注管理のすべての業務に、お役に立つことができれば、これほどうれしいことはありません。

　2018年12月　　　　　　　　　城西コンサルタントグループ会長
　　　　　　　　　　　　　　　中小企業診断士　神谷　俊彦

図解でわかる外注管理 いちばん最初に読む本
もくじ

はじめに

1章 「外注管理」とは、いったいどういうことか？

1-1 ──────────── 12
「外注管理」を定義してみると

1-2 ──────────── 16
外注と外注管理の目的とは

1-3 ──────────── 20
外注管理とQCD

1-4 ──────────── 22
業種による外注管理の違い

1-5 ──────────── 24
外注管理の難しさと醍醐味

知っトク！COLUMN　クラウドソーシングとは　26

2章
経営戦略からみた外注管理の役割

2-1 ——————————————— 28
経営戦略における外注管理

2-2 ——————————————— 32
経営戦略の基礎知識①「成長マトリックス」「競争戦略」

2-3 ——————————————— 36
経営戦略の基礎知識②「ＰＰＭ」「ＳＷＯＴ分析」

2-4 ——————————————— 40
企業における外注管理体制

2-5 ——————————————— 42
外注にするか内製にするかの評価方法

2-6 ——————————————— 44
外注を管理することによる経営革新事例

知っトク! COLUMN　外注頼みにしすぎた企業の結末　48

3章
外注化のすすめ方と外注先の選定のしかた

3-1 ——————————————— 50
外注管理業務と外注先の選定のしかた

3-2 — 54
外注化をすすめる第1ステップ「外注目的の明確化」

3-3 — 58
外注化をすすめる第2ステップ「外注候補の選定調査」

3-4 — 60
外注化をすすめる第3ステップ「候補企業の評価」

3-5 — 62
外注化をすすめる第4ステップ「契約の締結」

3-6 — 64
外注化が成功するには？

3-7 — 66
外注化の成功ポイント①「情報と認識の共有」

3-8 — 70
外注化の成功ポイント②「業務のしくみの定着」

3-9 — 72
外注化の成功ポイント③「経験の蓄積準備」

3-10 — 74
外注化の成功ポイントをまとめてみると

知っトク！COLUMN　海外では日本の常識は通じない　76

4章
外注管理に必要な契約と法律の必須知識

4-1 — 78
外注管理に必要な契約の基礎知識

4-2 ──────── 82
契約書に規定する一般的な項目

4-3 ──────── 84
外注管理に必要な法律の基礎知識

4-4 ──────── 86
外注管理業務で特に知っておきたい法律の内容

4-5 ──────── 92
法的問題になった事例とその対策

4-6 ──────── 96
ＰＬ法や知的財産権にまつわるリスク

知っトク! COLUMN　持続可能な開発目標（ＳＤＧｓ）とは　98

5章 外注管理の運営方法と注意点

5-1 ──────── 100
外注管理のポイント

5-2 ──────── 104
外注先とのコミュニケーションの取り方

5-3 ──────── 108
外注の品質管理のすすめ方

5-4 ──────── 110
外注の進捗管理と予算管理のすすめ方

5-5 ──────── 116
外注監査のポイント

5-6 ─────────── 118
リスク管理の方法

知っトク! COLUMN　ドラマ「下町ロケット」における外注　120

6章
外注トラブルの事例と上手な解決策

6-1 ─────────── 122
外注にはどんなトラブルがあるか

6-2 ─────────── 124
外注トラブルによってどんな影響があるか

6-3 ─────────── 126
外注トラブルにはどんな要因があるか

6-4 ─────────── 128
なぜ品質異常が発生するのか

6-5 ─────────── 134
なぜコストは下がらないのか

6-6 ─────────── 138
なぜ納期遅れは発生するのか

6-7 ─────────── 142
外注トラブルは防げるのか

知っトク! COLUMN　外注トラブルに関する訴訟からの教訓　146

7章 海外の外注先企業とのつきあい方

7-1 ———————————— 148
海外企業に外注するときに成功するポイント

7-2 ———————————— 150
海外企業を決定するときのプロセス

7-3 ———————————— 152
海外事情を理解しておこう

7-4 ———————————— 154
成功する海外企業の選び方

7-5 ———————————— 156
サプライチェーンの構築

7-6 ———————————— 158
海外企業と契約するときに注意すること

7-7 ———————————— 160
海外企業の外注管理のポイント

7-8 ———————————— 162
監査のしかたと実施ポイント

7-9 ———————————— 164
外注管理とは、いわば「リスク管理」である

7-10 ———————————— 166
海外外注のリスクに対応する方法

知っトク! COLUMN　「先物取引」によるリスクヘッジ　168

8章 新しい時代の外注管理のあり方・考え方

8-1 ———————————— 170
インダストリー4.0の進展と外注

8-2 ———————————— 172
グローバル企業の外注戦略

8-3 ———————————— 174
フリーランスという外注の方法

8-4 ———————————— 176
事業承継と外注管理

8-5 ———————————— 178
ＡＩ時代の外注管理

知っトク! COLUMN　ＲＰＡの浸透　180

おわりに　181

カバーデザイン◎水野敬一
本文ＤＴＰ＆図版＆イラスト◎伊藤加寿美（一企画）

1章

「外注管理」とは、いったいどういうことか？

Outsourcing Control

執筆◎滝沢　悟

1-1 「外注管理」を定義してみると

「外注」「外注管理」とは何か

　本書は、外注管理の方法を初めて学びたいという人や、外注管理を長年続けてきたがこれまでのやり方を見直して企業の業績向上により多くの貢献をしたいと思う人、そして企業経営における外注管理の位置づけをもう一度整理してみたいと思っている人など、外注管理に関心のあるさまざまな人を対象としています。

　そこで、まず「外注」とはどういうことで、それを管理する「外注管理」とはどんなことなのか、から簡単に説明していきましょう。

　「**外注**」とは、JIS（日本工業規格）の『生産管理用語』によれば、「自社（発注者側）の指定する設計・仕様・納期によって、外部の企業（受注者側で、外注工場、協力工場ともいう）に、部品加工または組立を委託する方法」と規定されています。

　また、「**外注管理**」とは、「生産活動に当たって、内外製の最適分担のもとに、原材料、部品を安定的に外部から調達するための手段の体系」と規定されています。

　これらは、製造業を意識した規定ですが、サービス業等の商業の分野でも外注は行なわれていますので、簡単にいえば、「モノづくりやサービスの提供等において、発注者がある製品（またはサービスなど）の一部または全部を受注者に委託することや管理すること」と定義することができます。

外注を表わす言葉はたくさんある

　しかし最近では、自社の仕事を自社の**経営資源**（ヒト・モノ・カネ等）だけで行なわずに、**外部に委託する**ことが多くなっています。

　その形態もさまざまなバリエーションが生まれ、使われている言

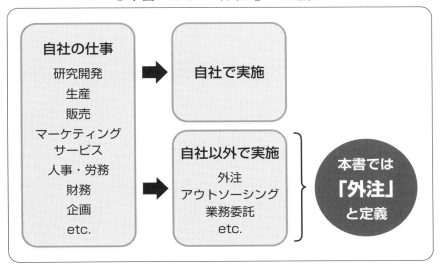

◎本書における「外注」の定義◎

葉も「外注」「アウトソーシング」「業務委託」「請負」「派遣」などビジネスの分野ごとにいろいろな言い回しがあるので、これらの言葉の整理が必要になります。

たとえば、**アウトソーシング**という言葉は、1970年代後半から米国のEDS社が、それまで社内で行なわれていた情報システム業務を受託することによって成長発展を続けていく過程で、そのコンセプトが有名になり、情報システム分野を中心に使われ始めました。

その後、アウトソーシングはさまざまなビジネス分野でも使われるようになり、業務代行や派遣といった低付加価値業務の外部化に関しても、アウトソーシングという言葉が使われるようになっています。

本書では、「**自社の仕事を外部の企業あるいは組織・個人に委託する**」ことを「**外注**」として定義し、取り扱うことにします。

一方、市場にある製品や部品を自社で仕様を示すことなく単に購入するといったことについては、「**購買**」として取り扱うこととし、

本書では「外注」には含めないこととします。

また、「**外注業務が円滑・的確に遂行できるように必要な管理を行なう**」ことを「**外注管理**」として定義し、取り扱うことにします。

企業経営と外注管理

企業活動の基本は、継続することです。業種・業態にかかわらず、企業が継続的に発展していくためには、適正な利益を追求していくことが必要です。

しかし、企業は自社だけで経営をしているわけではないので、ライバルとしての競合企業の存在を無視することはできません。企業経営を継続していくには、ライバル企業との競争に勝ち続けていく**競争力**が必要になります。

企業の「競争力」とは、市場で自社の製品やサービスが消費者に選ばれ、継続的に利益を生み続ける力ともいえます。

経営戦略の権威であるマイケル・E・ポーターは著書『競争の戦略』のなかで、業界と競争事業者を深く知ることによって、総合的な戦略を策定するための分析手法を明らかにしています。

そこで述べられた「**5つの競争要因**」（競争優位を保つために企業が何をなすべきかを決定するもの）は、次ページの図に示したように次の5つです。

> ①新規参入業者の参入　②代替品の脅威　③買い手の交渉力
> ④売り手（供給業者）の交渉力　⑤業界内の競合企業

この5つの競争要因が、業界全体の価格、コスト、投資などに影響を及ぼします。買い手の交渉力は、代替品の脅威と同様に、会社が決める製品・サービスの価格を左右します。また、供給業者という売り手の交渉力は、その原材料その他の資材の希少価値・付加価値の高さを背景として、コストアップにつながる購入価格を要求してきます。

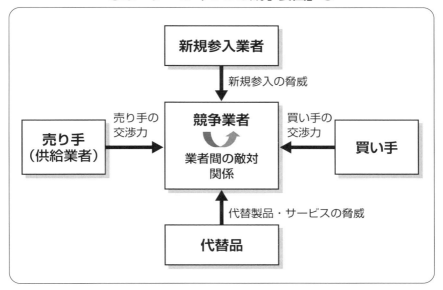

◎ポーターの「5つの競争要因」◎

　さらに、業者間の敵対関係は、価格だけではなく、工場、製品開発、広告、営業活動などの面で競争するコストに影響を与え続けます。新規参入者への対抗という面では、参入障壁を高くするための投資を必要とします。

　このように、経営環境が激しい競争にさらされている場合には、「収益アップ」と「コスト低減」の両面から利益を出し続ける経営体質となるように不断の努力をしなければなりません。外注管理自体が、このような環境のなかでどのような役割を果たしていくのかを見極めながら、経営のかじ取りをしていくことになります。

　たとえば、日本の自動車産業などの歴史をみると、昔は存在していない下請けのしくみを発展させていき、力のある外注会社をつくり上げ、共存共栄で自社をより強くすることに成功してきました。

　本章では、この5つの競争要因のなかで、買い手の交渉力や売り手の交渉力と大きく関わりのある外注管理ついて、企業経営のあり方とともに考えていくこととします。

1-2 外注と外注管理の目的とは

外注はどんな目的で活用するのか

　企業は自社の競争力強化という経営目的を達成するために、仕事の外注化を進めるわけですが、具体的には、次にあげる5つの達成目的のために外注を活用します。

　もちろん、外注化は単一の目的だけではなく、実態としては複数の目的を組み合わせて多面的に運用されるわけですが、基本的な目的については、整理して理解しておく必要があります。

①コスト（原価）の低減
②外部の専門技術や設備の活用
③生産・サービスの能力拡大あるいは縮小の調整弁
④コア業務への集中
⑤特殊な作業等への対応

　それぞれの目的について詳しく見ていきましょう。

　①の「コスト（原価）の低減」は、自社で製造するよりも安く製造できる企業へ発注して、製造コストを下げる目的で外注を活用します。

　②の「外部の専門技術や設備の活用」については、自社にはない技術や設備を保有している企業に、必要な仕様を提示して生産してもらうことをいいます。これにより、自社でその技術を導入する期間の短縮が図れるとともに、新たな設備投資の資金を節減することが可能になります。

　③の「生産・サービスの能力拡大あるいは縮小の調整弁」については、仕事の繁閑の調整弁として外注を活用し、自社の仕事量の平

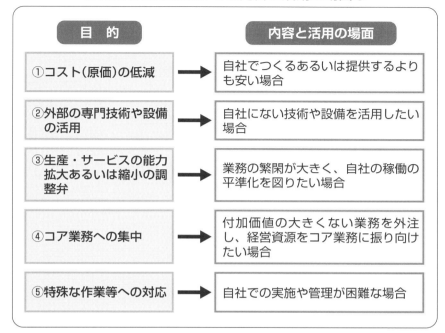

準化を図ることをいいます。

④の「コア業務への集中」については、自社として付加価値がそれほど大きくない業務を外注し、社内の経営資源をコアとなる主力業務に振り向けることを狙いとして外注を活用することをいいます。

⑤の「特殊な作業等への対応」については、危険性の高い業務や、専門性の高い仕事の場合は、専門業者へ外注することでリスクの低減を図ることができます。

もちろん多くの場合は、コスト低減のために外注を推進しているわけですが、外注化の判断を左右するのは「コア業務への集中」という要因です。

最近のさまざまな事例は、この要因をどのように判断して外注化を推進するのかが、企業の発展に影響を与えています。

外注管理を行なう目的とは

　外注管理の具体的な内容については、本書で逐次解説していきますが、外注管理とは、おおむね「外注先の選定から、外注方法の決定、価格の取り決め、納期の決定、材料の支給方法、図面の交付と発注、進捗管理、受入検査、代金決済まで」の一連の業務を管理することをいいます。

　企業にとって外注化は、大きな戦略の一環として決定されるわけですが、外注化の成功は、**管理のよし悪しに依存**しています。せっかくいい戦略を考えても、実行が伴わなくては効果がでないのは当然のことです。

　たとえば、オフィスの清掃や物品の配送業務のような企業のコア業務以外の作業を専門業者に委託したりします。また、製造業の場合には、自社製品を構成する部品や、部品を組み合わせたユニット等の重要なコンポーネントを外注する企業も少なくありません。

　コア業務以外といっても、自社製品やサービスの工程のある部分を外注するということは、製品・サービスの品質・コスト・納期に影響を与えます。

　外注する場合、自社のコア業務に直結する重要性の高い外注品をタイムリーにかつ的確に調達することで、優位性や他社との差別化を実現するわけです。

　厳しい企業競争のなかで生き残りを果たしていくため、外注管理の重要性は明らかといえます。

外注管理のポイント

　外注管理について別の見方で考えると、自社で生産できるものの外注化と、自社で生産できないものの外注化に分けて考えることもできます。

　自社で生産等が可能なもの（こと）を外注する目的は、①コストダウン、②能力調整、③小ロット対応なので、管理するポイントも

◎**必ずしも外注化がトクにはならない時代に**◎

```
┌─────────────────────────────────────────────────┐
│                                                 │
│   ┌───────────┐   外注先企業の   ┌───────────┐  │
│   │ コストダウンや│   廃業や高齢化   │外注化の選択肢│  │
│   │  能力調整に  │   の進展       │が狭まり、内製│  │
│   │  外注化を活用│   ━━━▶        │化のほうが安価│  │
│   │           │                 │に          │  │
│   └───────────┘                 └───────────┘  │
│                                                 │
└─────────────────────────────────────────────────┘
```

その点が達成されているか否かになるはずです。

　モノにしろサービスにしろ、定量的に状況を把握しておかないと、十分な管理はできません。

　もう一つ重要な点は、自社能力の補完として外注化を考えていたとしても、ふだんから準備しておかないと、いざとなったときに補完の役目を果たせないということです。

　一方、自社で生産等ができないもの（こと）を外注するということは、専門性の高いものや自社で生産すると多額の設備投資が必要となる場合です。

　自社で努力して生産できるようになるか、外注化するかは、企業として自社の業種・業態や経営資源、そして経営環境などを総合的に勘案して決定しますが、こういったケースでの外注化は、目的に沿っているかどうかはもちろんのこと、さらに高度な管理も必要とします。

　日本の中小企業の現状では、モノづくりの海外移転や従業員の高齢化の影響を受けて、外注化の選択肢となる企業そのものが減少し続けています。

　つまり現在では、外注化の恩恵を享受できない事態を打破することまでが管理の対象になっているといえます。

1-3 外注管理とQCD

「QCD」とは何か

　どのような業種・業態においても、業績のよい企業の共通点は、新製品の開発力の強さ、コスト競争力の強さ、そして業務のスピードの速さなどがあげられます。

　「QCD」は重要な経営指標です。本書でも、何回も出てきますので、理解しておきましょう。

> Quality …… 品　質
> Cost ………… コスト
> Delivery …… 納　期

　「Q」（品質）に関しては、使いやすい、デザインがよい、環境に優しいなど、機能以外のより高度な顧客要求を満たすことが望まれています。

　「C」（コスト）に関しては、低価格化の要請は社内外ともに一層熾烈になり、製品の高機能化、多様化に対応しながらぎりぎりのコストで生産しなければなりません。

　「D」（納期）に関しても、顧客の要求に応じてより早くジャスト・イン・タイムで届けることが期待されています。

QCDを同時に満足させられるか

　昨今では「Q（品質）とC（コスト）とD（納期）を同時に満足させる」ことが求められているわけですが、これは容易なことではありません。

　さらに、AI／IoT等の高度な技術やシステムの導入が必須と

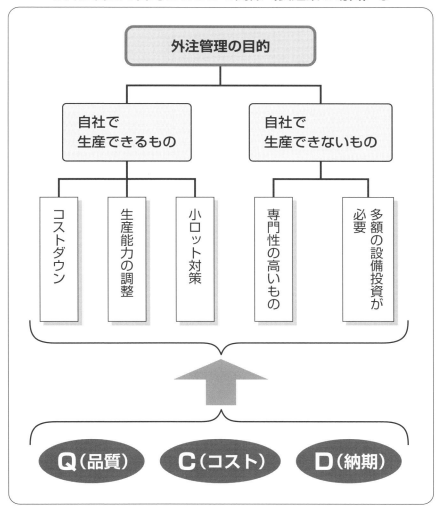
◎外注管理の目的とQCDの関係(製造業の場合)◎

なっている現代において、自社だけで製品やサービスを提供することはもはや困難になってきています。

したがって、外注先を含む自社以外の企業との連携・アライアンスは、最近における生産性向上に向けた企業経営の潮流と相まって、その重要性がますます増しているといえます。

1-4 業種による外注管理の違い

業種別にみる外注管理の特徴

　外注は、これまでどちらかというと、製造業について述べられることが多かったようですが、最近では、さまざまな業種・業態で外注や他企業との連携・アライアンスの動きが広がってきています。

　そこで、業種別にみた外注管理の特徴をあげてみると、下表のとおりです。

業　種	代表的産業	外注内容
製造業	自動車、産業機械、航空機等	製品、構成部品、部品ユニット、メンテナンス等
建設業	建設、建築、建材・住宅等	専門工程部分、設計、施工、検査、メンテナンス等
IT業	情報サービス、ソフトウェア等	ソフト開発（上流工程、製造工程、下流工程）、ネットワーク、機器設置、セキュリティ等
運輸業	トラック運送、宅配、倉庫・仕分け等	エリア別輸送、貨物別輸送、サプライチェーン工程別等
広告業	広告、アニメ、放送等	コンテンツ（メディア別、ジャンル別、専門分野別）等

　製造業の場合は、現在の自動車産業で見られるように、原材料の調達から製品完成までを1社で生産することは、その生産量の巨大さや部品点数の膨大な数からいって不可能です。そのため、自動車メーカーを頂点とした系列化による垂直分業が進められています。

　自動車メーカーは、主として自社で新車の開発と組立（アセンブリ）を担い、ユニット組立や部品加工を子会社や協力会社に委託す

◎建設工事で必要となる外注管理◎

大手ゼネコン	構造物工事
中堅ゼネコン	外壁仕上げ工事
工務店	とび・土木工事
	内装仕上げ工事

る外注形態をとっています。

　産業機械や**航空機産業**も同様の形態をとっています。最近では、グローバル化の進展に伴って、海外の市場の近くに生産拠点を移すことも多く、グローバルな水平分業を行なうようになっています。

　建設業の場合は、スーパーゼネコン（売上高１兆円を超える建設会社）を頂点として、準大手ゼネコン、中堅ゼネコン、その他の建設会社の階層構造となっており、各建設工事現場では、土木工事、足場組立、左官、大工、内装、電気、配管等の専門工程ごとに数多くの工程が外注によって行なわれ、特に大規模建設工事においては、外注管理は大変重要な位置づけになっています。

　ＩＴ業の場合は、システム開発の「いま」の状況を見ると、外注化の増大は不可避でしょう。たとえば情報システムは、いまや大手ユーザー企業や大手ソフトウェアベンダーにとっても、自社要員だけではすべてを開発できないほど高度化、複雑化しています。

　その一方で、ユーザー企業からはＩＴコストの継続的な削減要請を受け、かつＩＴ業界内の企業間競争も一層激化しています。こうしたなかで、外注化は避けられない状況になっており、システム開発の短納期化や、ネットワークやセキュリティ等の高度な専門性を要求されるため、専門ベンダーへ外注せざるを得ない状況です。

　また、コスト削減を図るために、垂直分業や海外の人件費の安価な国でのオフショア開発も進められています。

1-5 外注管理の難しさと醍醐味

外注管理の難しさとは

　外注化は、自社の利益貢献を目的として実施するはずですが、現実には、**外注管理によるリスク**が発生する事例も出ています。

　外注に伴うリスクについては、本書でもいろいろと取り上げていきますが、大きく次の5つのリスクに整理することができます。

①契約の曖昧さによるトラブル
　発注者と外注者の間の契約内容が抽象的だと、問題が発生した際の責任分担が不明になるため、発注者が損害を受けるケースがある。

②丸投げによる管理不在
　外注者の力量を信頼して丸投げすると、最終製品の完成が不可能になる。

③下請法違反による法的訴追
　下請法等の法律条項を遵守しないで発注することにより、下請法違反で行政サイドから訴追を受け、賠償金を支払うことになる。

④情報セキュリティの問題
　個人情報や秘密情報が外注先から流出するリスクがある。

⑤不十分なBCP対策
　BCP（Business Continuity Plan）とは、事業継続計画のこと。災害発生などの対応策が不十分だと、多大な損失を受けることになる。

◎外注管理のステージが発展するイメージ◎

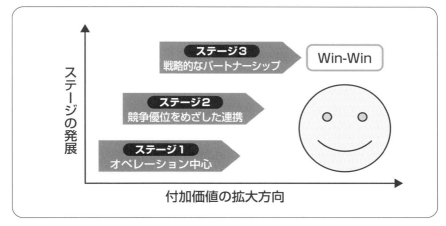

外注管理の醍醐味とは

　企業における外注化は、初期の頃はコスト削減を中心としたリストラ的なオペレーション中心のもの（**ステージ1**）が多かったのですが、徐々に競争優位をめざした戦略レベルのもの（**ステージ2**）が含まれるようになりました。

　そして現在では、戦略的なパートナーシップを採用するなどパートナーとのWin-Winの関係や連携を重要視するもの（**ステージ3**）が広がりを見せています。

　最近では、通信ネットワークの高度化やＡＩ／ＩｏＴ技術の発展と実用化の進展に伴い、その実現するスタイルが高度化かつ多様化の様相を呈してきています。

　こうした事業環境下においては、外注政策とその外注管理は、企業の目標実現のための戦略手段として位置づけが変貌しています。

　外注担当者は、企業戦略の中心を担うものであり、**パートナー企業とのWin-Winの関係を構築する**わけです。その成功は、企業業績に効果があるだけでなく、自信につながります。

知っトク！COLUMN

クラウドソーシングとは

　「**クラウドソーシング**」（crowdsourcing）とは、不特定多数の人から、必要とするサービスやアイデアなどを提供してもらうことをいいます。

　また、クラウドソーシングは狭義では、不特定多数の人に業務を委託するという新しい雇用形態をさします。

　かつては、自社で内製するインソーシング（insourcing）に代わって外部委託する**アウトソーシング**（outsourcing）という形で、企業などが、外部に専門性の高い業務を外注する流れがありました。

　しかし今日では、インターネットの普及が一般化し、社外の「不特定多数」の人または組織に、従来アウトソーシングしていたような業務を外注するというケースが増えています。

　クラウドソーシングを最初に言い始めたのは、アメリカの月刊誌「WIRED」の編集長マーク・ロビンソンたちで、2006年に提唱された造語です。彼らは、「従業員によって行なわれている機能を、ウェブ上に開かれた外部ネットワークを通して、世界中の群衆（＝crowd）へ委託（＝sourcing）すること」と、クラウドソーシングを定義しています。

　クラウドソーシングを提供するプラットフォーム（ソフトウェアが動作するための基盤）としては、アメリカのオーデスクやイーランス、日本のクラウドワークスなどがあります。

　クラウドソーシングのメリットは、「早い」「安い」「質が高い」の3つのポイントにあるといわれています。

　「早い」は必要な人材を見つけるスピードを表わし、「安い」は仕事の相手が個人ということによる場合が多く、そして「質が高い」はスキルの可視化によるとされています。

　しかし、面識のない不特定多数と成果報酬形式で取引することのリスクを考慮する必要があることは、いうまでもありません。

2章

経営戦略からみた外注管理の役割

Outsourcing Control

執筆◎景山 洋介

2-1 経営戦略における外注管理

経営戦略とは何か

「**経営戦略**」という言葉を、シンプルに表現すると「社内の経営資源（ヒト、モノ、カネ）をどのように使って、どうやって売上を上げて、利益を獲得していくか」である、と定義することができます。

この「どのように」「どうやって」について考えて、実現するための具体的な方法を決めていくことを「**経営戦略を策定する**」といいます。

一言で「売上を上げる」「利益を確保する」といっても、その方法にはさまざまなものがあります。

たとえば、「利益を確保する」ことを目的とした場合、製品単価をアップさせるという方法もありますし、製造費用のコストダウン、つまり製造原価を低減するという方法も考えられます。

どの方法を採用しようか？　となった際に、「製品単価をアップさせることは、売上の減少にもつながってしまうかもしれないので、製造原価を下げることで利益を増やそう」となるわけです。

さらに、原価を低減する方法には、「仕入値を下げる」「生産性を上げる」などいくつかの方法がありますが、品質上の制約があって仕入値を下げられないこともありますし、生産性を向上させるためには、高額な設備投資が必要になることもあります。

高額な設備投資は無理だけど、生産性を上げられないかと考えたときに、一つの選択肢として「**外注化**」というものが出てきます。

もちろん、「外注化」するに至る理由は他にもありますが、「外注」と聞くとやはり多くの場合、「製造プロセスの一部を他社にやってもらう」というイメージをもつ人が多いでしょう。

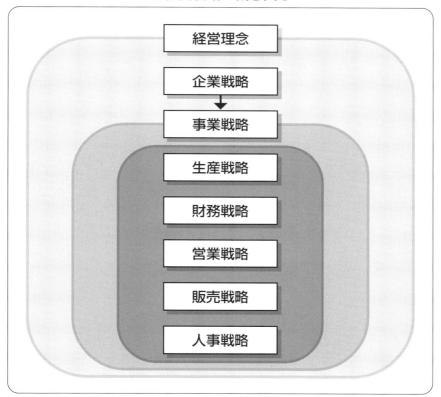

◎経営戦略の概念図◎

　では、経営戦略において「外注」とは、どのような位置づけにあるのでしょうか。それを考える前に、経営戦略全体の概念を見ておくと、上図のようになります。

　企業は、**経営理念**にもとづいて進むべき道（**企業戦略**）を決定します。企業戦略という目的を達成するためには、**事業戦略**を策定します。

　事業戦略とは、各部門または機能ごとに策定されるものであり、たとえば製品原価を低減させるのであれば、「**生産戦略**」においてその具体的な方法を決定していきます。

事業戦略の策定のしかた

　前ページの図で、事業戦略の具体的な個別戦略として5つあげましたが、それぞれの戦略についてその策定のしかたをみていきましょう。

　「**生産戦略**」では、基本的にQ（品質）、C（コスト）、D（納期）を意識して、会社としてめざす目標値にどのように適合させていくかを検討します。

　したがって、生産戦略ではまずQ・C・Dそれぞれの目標値を設定することから始めます。そして、目標を達成するための課題を洗い出して、それらを解決するための施策を決定し、実行していきます。

　「**財務戦略**」では、資金調達や投資の金額と、それらを実行するタイミングを検討します。

　そして、「いつ、どこから、いくら調達するのか」、「いつ、何に、いくら投資するのか」を決定します。

　生産設備に投資する場合は、生産戦略とも関連してきます。長期的な視点で計画を立てる必要があるため、財務戦略は会社にとって非常に重要な戦略となります。

　「**営業戦略**」では、売上を伸ばすための具体的な施策（顧客ターゲットの設定、販売価格の決定、市場シェアの獲得方針）を検討します。

　販売価格については、生産戦略や財務戦略との整合性を取ることも必要になってきます。

　「**販売戦略**」は「マーケティング」ともいわれますが、顧客のニーズにどのようにアプローチするのか、商品・サービスをどのように知ってもらうのかを検討します。

　この販売戦略を誤ると、どれだけよい商品・サービスを持っていても、売れないという結果になるため、営業戦略と関連させながら決定する必要があります。

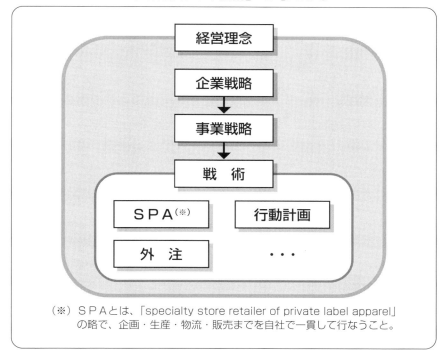

（※）ＳＰＡとは、「specialty store retailer of private label apparel」の略で、企画・生産・物流・販売までを自社で一貫して行なうこと。

　「**人事戦略**」では、人材育成や採用方針などを検討します。会社を支える従業員の育成や採用は会社の将来にも関わることなので、何にいくら投資するのか、「財務戦略」と関連させて決定します。

　「外注」するという選択は、実はこれらの戦略を実行するための「**戦術**」の一つです（上図参照）。自社で内製するのか、外注化するのかを選択することも「戦術」になります。内製と外注の判断の基準については、２−５項で紹介します。

　なお、外注先の企業にも経営戦略があり、その戦略に従って企業活動を行なっています。したがって、「外注を管理する」ということは、単に外注した部分がこちらの希望どおりの結果になっているかどうかだけでなく、**外注先の経営方針はどうなっているのか**、まで知っておく必要があります。

2-2 経営戦略の基礎知識① 「成長マトリックス」「競争戦略」

　前項では、経営戦略と外注の関係について確認しましたが、では、そもそも経営戦略とは、どういうものでしょうか。

　経営戦略とは、「経営理念にもとづいて、企業戦略（これから企業が進んでいく道筋）を決定すること」であると説明しました。そこで、この項では、戦略についてどのように考えたらよいのか、いくつかの基本的なフレームワークを説明していきましょう。

アンゾフの成長マトリックス

　イゴール・アンゾフによって提唱された「**成長マトリックス**」は、事業の成長や拡大を検討する際に用いられるフレームワークです。「製品（サービス）」面と「市場」面の観点から、「既存」と「新規」の場合に分けて、4つのパターンから企業の成長戦略を考えます。

　今後、力を入れようと考えている「製品（サービス）」や「市場」の状況を分析し、「市場浸透」「市場開拓」「新製品開発」「多角化」の4つの戦略から進むべき道を決定します。そして、それぞれの戦略に従って、それを達成するための行動（戦術）を考えます。

① 「市場浸透」戦略

　既存製品による既存市場の深耕を考えます。広告宣伝の強化や営業人員の増員などの戦術により、市場シェアを拡大します。

② 「市場開拓」戦略

　既存製品による新市場の開拓を考えます。これまでと異なる顧客層をターゲットにしたり、異なる使用方法を提案したりすることにより、市場を開拓します。

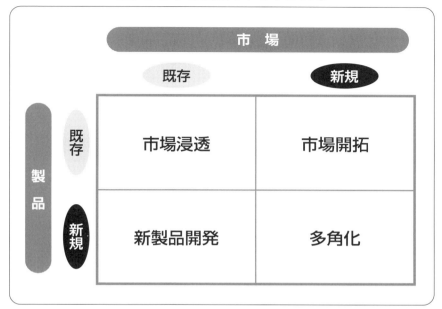

③「新製品開発」戦略

　既存市場へ新製品を投入します。既存製品と異なる製品の投入により、市場シェアを拡大します。

④「多角化」戦略

　新市場に新製品を投入することで、企業の新たな事業展開につながる戦略です。既存事業で培った技術・ノウハウをいかに流用できるか、がカギとなります。

　「外注」を活用するシーンとして、「新製品開発」と「多角化」戦略において内製できない自社にとって不得意な部分を補う役割として外注を選択することは、よくあることです。

◎ポーターの競争戦略◎

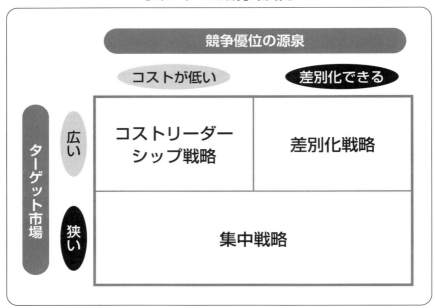

マイケル・ポーターの競争戦略

　マイケル・E・ポーターは、企業が競争優位を獲得するための基本戦略として、3つの戦略を提唱しました（上図参照）。

　この基本戦略では、「ターゲット市場（顧客）」面と「競争優位の源泉」面から、ターゲットが「広い」場合と「狭い」場合、他社と比べて「コストが低い」場合と「差別化できる」場合の4つの観点から、どのように競争優位を獲得するかを決定します。

①コストリーダーシップ戦略
　幅広いターゲット顧客に対し、競合他社よりも低コストの製品（サービス）の提供を実現することで競争優位を獲得します。
　イオンやセブン＆アイが展開しているような、プライベートブランドによる低価格商品の提供も、これにあたります。

②差別化戦略

　幅広いターゲット顧客に対し、品質や性能面における競合他社との違いを訴求することで差別化を実現し、競争優位を獲得します。

　家具業界で、ニトリやＩＫＥＡに対するかつての大塚家具の戦略がこれにあたります。しかし、戦略の変更が思うような結果につながらず、ここ最近は苦戦を強いられる状況となっているようです。

③集中戦略

　特定のターゲット顧客に絞り込んで、そこに経営資源（ヒト・モノ・カネ）を集中的に投下することで競争優位を獲得します。

　大企業が相手にしないような限られたターゲットを攻める「ニッチ戦略」も、集中戦略とほとんど同じ意味で使われます。

⋯▶ 外注の活用

　差別化戦略において、他社の持つ技術を取り入れることで品質や性能面の差別化を図る際に、「外注」という選択を取ります。

　たとえば、洗浄機械のメーカーが、機械に投入する特殊な洗剤をつくる部分を「外注」し、洗浄性能を向上させて差別化を図るという例があります。

　また、集中戦略において、特定のターゲット顧客のニーズに応えるために、自社の経営資源でカバーできない技術を「外注」するという選択もあります。

　たとえば、製品の企画・設計に特化（経営資源を製品の企画・設計に集中投下）した企業が、部品の製造や加工部分をすべて「外注」し、自社では最終段階の組立てのみを行なう「ファブレス（工場を持たないものづくり）企業」への脱皮は、外注化の際立った事例です。

2-3 経営戦略の基礎知識② 「PPM」「SWOT分析」

⇢ PPM（プロダクト・ポートフォリオ・マネジメント）

「PPM」（プロダクト・ポートフォリオ・マネジメント）分析表は、大手コンサルティングファームのBCG（ボストンコンサルティンググループ）が考案したフレームワークです。

「市場の成長率」面と「自社の市場占有率（シェア）」の面から、それぞれが「高い」場合と「低い」場合の4つのパターンで自社の置かれている状況を分析し、企業が今後取るべき戦略を決定します（次ページの図参照）。

4つに分類された事象ごとの戦略は以下のとおりです。

①花　形

市場の成長率が高く、なおかつ自社の市場シェアも高い製品（サービス）のため、さらに経営資源を投下し、売上の拡大を図ります。

②金のなる木

自社製品（サービス）の市場シェアは高いものの、今後の市場成長性が見込まれないため、追加の経営資源の投下を控え、利益の最大化をめざします。

③問題児

市場成長率は高いものの、現時点では自社製品（サービス）の市場シェアが低い状態です。**追加の経営資源投下によって、シェアを拡大して「花形」をめざすか、市場の成長が止まって「負け犬」に**なる前に撤退するか検討します。PPMでは、外注をこの部分に活用するのが「戦術」といえます。

④負け犬

　市場成長率も自社の市場シェアも低い分野です。市場成長率の変化が見込まれないと判断された場合は、可能な限り損失を抑えながら撤退する方法を検討します。

SWOT分析とクロスSWOT分析

　経営分析ツールとしても有名な「SWOT分析」は、戦略策定においても有用なフレームワークです。

　企業や事業の置かれている状況を「Strength（強み）」「Weakness（弱み）」「Opportunity（機会）」「Threat（脅威）」の4つの面から要因分析し、企業の進むべき道を決定します。ただし、分析だけでは戦略は決まりません。

　活用できる戦略策定フレームワークとして「**クロスSWOT分析**」があります。

　クロスSWOT分析では、SWOT分析で洗い出したS（強み）とW（弱み）について、それぞれO（機会）とT（脅威）へどのように対応していくのかを考えます。

　「外注」を活用するシーンとしては、当然、「弱み」を克服するために考えるべき戦術です。

◎SWOT分析の具体例◎

	Strength（強み）	**Weakness（弱み）**
内部要因	●他社に負けない技術 ●独自の販路がある ●高い品質を誇る　など	●人材が不足している ●製品の認知度が低い ●設備の老朽化　など
	Opportunity（機会）	**Threat（脅威）**
外部要因	●東京オリンピック ●働き方改革法 ●TVの取材　など	●競合他社の進出 ●原油の高騰 ●自然災害の発生　など

◎クロスSWOT分析の具体例◎

	Strength（強み） ●商品の頑丈さ ●中国への販路を持つ ●高い品質を誇る　など	**Weakness（弱み）** ●人材が不足している ●商品の認知度が低い ●設備の老朽化　など
Opportunity（機会） ●東京オリンピック ●働き方改革法 ●中国人旅行者増加　など	訪日中国人に商品をPRして、中国での販売量を増やす	東京オリンピックを利用して、商品をPRする
Threat（脅威） ●競合他社の進出 ●原油の高騰 ●自然災害の発生　など	中国への進出速度を早めて、他社の進出前に市場シェアを獲得する	競合他社の進出状況を見て、国内の事業は撤退し、中国に集中する

S（強み）×O（機会）	強みを発揮して、機会を逃さない
S（強み）×T（脅威）	強みを活かして、脅威を取り除く
W（弱み）×O（機会）	弱みを克服して、機会を活かす
W（弱み）×T（脅威）	弱みと脅威が重なった場合に、危機を回避する

　前項でも述べましたが、企業の戦略を実現するための戦術の一つとして「外注」という選択肢があります。自社の弱みをカバーするのに外注を使うのは、当然の戦略です。外注管理をしっかりと行なうことは、経営戦略で定めた目標の実現において、とても重要な部分に位置づけられます。

　次項では、外注管理の体制について見ていきたいと思います。

2-4 企業における外注管理体制

組織と外注管理の位置づけ

「**外注管理**」はどの部門で、誰が行なうべきなのでしょうか。

企業規模によってもさまざまですが、よくあるケースでは、購買を行なう部門や製造を監督する部門があげられます。外注管理の担当者は、自社内の購買や製造を管理しながら、外注企業への発注、要求指示、納品物の検品、トラブルが起きた際の対応などを行なう必要があり、やるべきことは盛りだくさんです。

外注管理専任の担当者を置くことができればベストですが、それができるのは限られた大企業だけです。ほとんどの中小企業では、人的リソースの問題や、常に外注を行なっているわけではない、といった理由から、**日常の作業と兼務**することが多いのが実状です。

外注管理を行なう体制づくり

外注管理を行なう体制としては、少なくとも担当者と上席の人間の**2人は必要**になります。担当者は外注管理の実務を行ない、上席者は責任者として、契約の締結やトラブルが起きた際の対応に当たります。したがって、社内における役割分担は、あらかじめ明確にしておく必要があります。

外注管理には、契約の締結から日々の管理までさまざまな作業があります（詳しくは、5章で解説します）。上記のように、責任者が行なうことと担当者が行なうことを切り分けておくことで、作業範囲を明確にしておきましょう。

外注管理担当者は、日常の業務と外注管理の両方を行なわなければなりませんが、外注先との間で発生するトラブルのほとんどは、管理業務が不十分だったことに起因します。

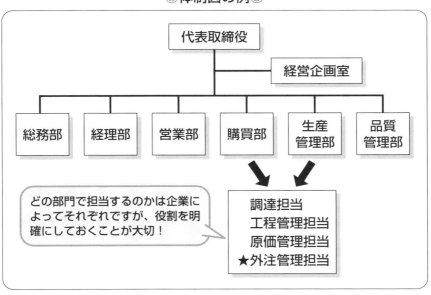

　外注管理が不十分なことで起こるトラブルとしては、進捗の管理不足による納期の遅れ、品質の管理不足による不良品の混入、コミュニケーションの不足による仕様の間違いや認識違いの発生などが考えられます。
　日常業務が忙しくて管理不在などというのは、その重要性からいえば、あってはならないことです。

2-5 外注にするか内製にするかの評価方法

QCDを確保できるのはどちらか？

　そもそも、内製する技術が自社内にない場合は、外注を選択するしかありません（外注すると決めた後の、外注先の具体的な選定方法については、3章で解説します）。

　しかし、内製することも可能な場合は、まずは内製するのか外注するのかを判断する必要があります。

　その方法として、QCD（☞20ページ）を基準としたチェック項目によって判断する方法を紹介しましょう。

【チェックリストの項目】
＜品　質＞
- 最終製品の品質にあまり影響しない（致命的な欠陥にならない）
- 習得が容易ではない技術が必要である
- 製造ノウハウを社内に蓄積する必要はない
- 仕様が明確になっている（設計図や仕様書等の形に落とし込めている）

＜コスト＞
- 内製すると新たな設備投資が必要になる
- 内製すると従業員の新規雇用が必要になる
- 内製すると従業員の残業が25％以上増える
- 外注先候補となる会社が複数あり、相見積りを取ることができる

＜納　期＞
- 短納期での納品は必要ない（リードタイムに余裕がある）
- 製造工程のボトルネックではない（それがないと、すべての作業が止まってしまう）

【チェックリスト項目の採点】

　該当するものに「○」（2点）、どちらともいえないものに「△」（1点）、該当しない場合は「×」（0点）をつけてみてください。

　点数の合計が15点以上の場合は外注を活用する方向で進めるべきでしょう。10点以上あれば、外注を選択してもよいといえます。5点以上あれば、状況に応じて外注も可といったところでしょう。4点以下であれば、内製したほうがよいといえます。

　しかし、以上の判断基準はあくまでも目安の一つです。

　内製か外注かを最終的に判断する際は、当然ながら会社としての方向性を確認する必要があります。会社の方針に従って、多少費用がかかっても、将来的なことを考えて設備投資をして内製化するという判断がなされる場合もあります。

　製造ノウハウを社内にも蓄積したいと思っていても、設備投資に多額の費用がかかったり、技術の開発と確立に多大な時間がかかったりするという理由から、どうしても外注に出さざるを得ないということもあるでしょう。

　新規事業に乗り出す際は、その事業が軌道に乗るまでは外注を活用して、軌道に乗ってきたら設備投資を行なって内製化するという選択肢も考えられます。最初のうちは外注を使うことで、万が一その事業がうまくいかなかった場合でも、撤退のリスクを軽減することができます。

　何度も申し上げているように、「外注」することはあくまでも戦術であって、**経営戦略を実現する手段の一つに過ぎません。**

　内製するのか外注するのか、ある程度判断がついたところで、それが自社の経営戦略との間でズレが生じていないかどうか、いま一度確認いただくことをおすすめします。

2-6 外注を管理することによる経営革新事例

事例1…生産管理システムの導入

T社は、自動車、電子機器等の小型精密部品を鋳造する企業です。金型の設計、製造から鋳造品の表面加工、検査等まで、外注先の協力会社と連携した一貫生産を強みとしています。

T社は、外注先と工程進捗状況などの生産管理情報をやり取りできる生産管理システムを開発し、外注管理業務を電子化したことで生産性の向上につなげました。

生産管理システムの開発にあたっては、外注先企業と協議会を設立し、意見や要望を積極的に取り入れることで、外注先企業にも同じシステムを利用してもらうことに成功しました。リードタイムの短縮、外注先での不良の発生を即座に把握できるなどの効果が出ています。

この事例は、**生産管理システムの導入による外注管理の成功事例**です。単に発注元と外注先という関係だけでは、システムを使ってもらうのはかなり難しかったと思われます。それを、協議会を設立して議論の場をつくり、意見や要望を取り入れることによって、押し付けではない「使える」システムを完成させることができました。

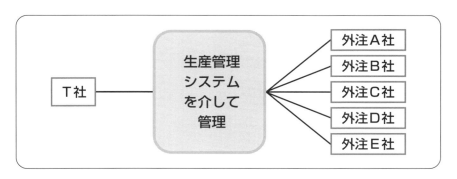

事例2…外注費の削減

Z社は、自動車エンジンの部品を組立て製造する企業です。業績が伸び悩んでいたため、外部のコンサルタントに経営改善を依頼したところ、「生産性向上と製造原価の低減が必要である」との助言を受けました。

製造原価低減のためには、もっとも大きな比率を占める外注費の削減が必要でしたが、自社で内製するためには数億円の設備投資が必要で、それを行なう資金的な余裕がなかったため、外注を完全にやめてしまうという選択はできませんでした。

そこでZ社は、外部のコンサルタントに外注先の改善を依頼しました。費用はZ社持ちです。その結果、外注先の生産性は向上し、部品単価を下げても利益を確保できるようになり、Z社は外注費を削減することができたのです。

外注先の生産性を向上させることで外注費を削減するという発想でした。

外注先の製造工程の管理にとどまらず、経営も見るという事例ですが、費用を自腹で負担して外注先の生産性改善を行なうというのは、相当に相互の信頼関係が必要です。自社も外注先も共に強くなる教科書的事例です。

事例3…シナジー効果を生み出す

　M社は、システムの設計開発を行なう企業です。仕様設計をメインの事業としており、プログラミング（コーディング）は外注先に依頼していました。

　M社では、外注管理を行なう人的リソースが不足していたため、事業所内に外注スペースを設け、日頃から顔を合わせながら作業を行なう環境を整えました。従業員は本業である仕様設計に集中することができ、作業効率は格段に上がりました。

　一方、外注先は、仕事が発生するタイミングを近くで感じることができるため、M社の要求に迅速に対応することで売上を伸ばしました。

　M社は毎回同じ外注先に依頼していたため、社員同士の交流が生まれ、自然にコミュニケーションが取れるようになったことで、組織的な外注管理を行なわなくても仕事がうまくまわるようになりました。

　これは、戦略的に外注化することで、**発注元と外注先がシナジー効果を生み出した**事例です。

　外注に丸投げするのはよいことではない、という意見もありますが、会社の方針として仕事を切り分け、本業集中によってよい結果を生み出すことができました。

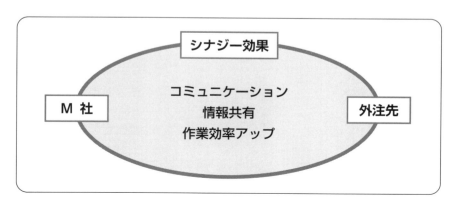

事例4…海外での管理者を育成

　C社は、システムの開発、導入のコンサルティングを行なう企業です。早くからプログラミング（コーディング）作業を海外（主に中国）に依頼していました。

　そして、将来の人件費の高騰に備え、次の展開として開発拠点をベトナムに移したいと考えていました。

　そこでC社は、ベトナム人留学生を支援する形で雇用しました。日本語や上流設計、日本企業の習慣を3年間、仕事を通じて教え、ベトナムの外注を使った開発の管理者として帰国させました。

　海外への外注（オフショア）は、言葉の壁や民族的な習慣、または商習慣が問題となって管理がうまくいかないことが多いのですが、C社はそれらを理解している現地の管理者を育てることで、起こりうる問題をクリアしたのです。

　これは、**中長期的な視点で外注の活用を考え、実現**させた事例です。

　管理者になりうる人間を育てるために多額のコストをかけていますが、育成コストはその後の外注管理がスムーズに行なわれることで、十分に回収可能だと判断したものと思われます。

知っトク！COLUMN

外注頼みにしすぎた企業の結末

　外注する部分について、依頼する側の人間があまり詳しく内容を知らない、というのはよいことではありません。

　そんなことあり得るの？　と思われるかもしれませんが、実はよくある話なのです。

　たとえば、システム開発では、あるプログラミング（コーディング）を外注する際に、完全に外注頼みとしてしまったために、社内にわかる人間がおらず、その外注先がいなければその後の開発ができなくなってしまった、ということが度々起こります。

　そうなると、その外注はただの外注ではなくなってしまい、少なくとも担当者が内容を理解するまで、他の外注を検討することすらできなくなってしまうのです。

　近年、大企業においては、なんでもかんでも外注化したことによって、技術的なノウハウや専門性を持った人間が社内にいなくなってしまった、という事態が起きているようです。やはり、何を外注して何を内製にするのか、会社の将来を考えて方針を決めておくことが重要となります。

　46ページの事例3で紹介したように、「自社は本業に集中する」と経営戦略（会社方針）で決めてしまい、特定の外注先に本業以外の作業を任せることで、いわば二人三脚のパートナーと呼べるような関係になり、社内の人間が詳しい内容を知らなくてもうまくいくパターンもあるようです。

　しかしこれも、関係が良好な間はよいですが、何かの要因でこの外注先が使えなくなった場合は、事業がストップしてしまうほどの大きなリスクとなる可能性があります。

　もしもの場合に備えて、物事がうまくいっている間に**コンティンジェンシープラン**（緊急時対応計画）を立てておく必要がありそうですね。

3章

外注化のすすめ方と外注先の選定のしかた

Outsourcing Control

執筆◎野村 純一

3-1 外注管理業務と外注先の選定のしかた

外注管理業務の全体像

2章で説明したように、企業にとっては市場での競争優位を築くため、自社の製品／サービスを生産することは非常に重要です。

その製品／サービス自体やそれを構成する部品等について、「内製する」のか「外注する」のかは、そうした戦略的な観点から検討しますが、具体的な判断基準としては、内製する場合と外注する場合の**それぞれのメリットとデメリットを比較検討**したうえで適切に決定します。

その後の段階としては、「外注する」と判断した場合には、一定のプロセスに従って外注化をすすめます。

ここで外注管理に関わる業務を全体的に考えると、「**外注化のすすめ方**」（契約以前）と「**外注先の運営管理**」（契約以後）に大別されます。

前者は、「**目的にかなった外注先を選定するプロセス**」であり、外注において通常は最初に1回だけ行なうものです。後になってから、外注先を変更するために選定をやり直すこともあるので、そのときにも同じ内容を検討します。

後者は、「**契約した外注先との具体的な取引や対応のプロセス**」として、繰り返し継続的に行なうものです。一般的には、契約条件に従った具体的な発注と納入の業務、外注先への指導と育成の業務、実績評価にもとづいて外注先を変更するなどの外注政策の実行などが含まれます。

いずれにしろ、多くの外注管理の問題は、外注化のプロセスのなかですでに入りこんでいるので、この章では基本的なプロセスについて確認していくこととします。

◎外注化の目的の明確化から外注先の選定と契約までのプロセス◎

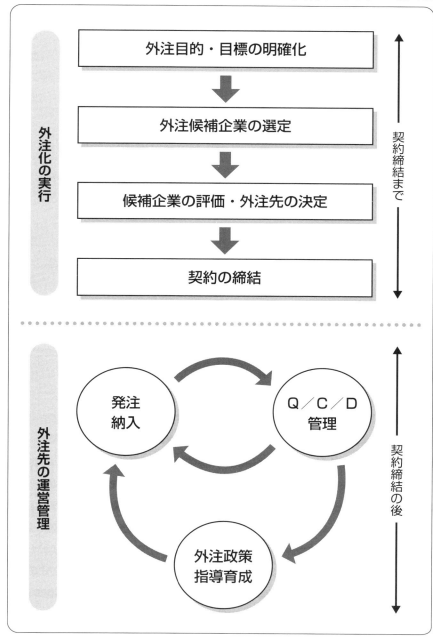

「よい外注先」とは

外注を有効に機能させるには、「**よい外注先**」を確保しておくことが大切です。

ここで「よい外注先」とは、次の観点から発注元の条件をクリアする企業です。

①発注分野の実績・評価
②品質・コスト・納期（QCD）の要求対応
③対象品の安定供給
④法令・契約の遵守　など

外注は、特定の分野について社外に製造等を委託するものですから、その分野の技術や生産についての実績があり、かつ評価が高い企業であることが必須です。

特に、自社で技術や生産設備を持たないために外注先を利用する場合は、この条件が第一になります。

外注先の選定において、表面的に技術や実績を確認する企業は多いのですが、高い技術力や信頼性の高い製品を**生み出すプロセス**を重要視しなければなりません。技術者の数や人材育成、生産設備などが伴っていることを確認しましょう。

「よい外注先」の選定のしかた

次に、外注先から調達する部品／サービスは、内製したものと組み合わせて自社の製品／サービスとして顧客に提供するので、外注の品質・コスト・納期は内製と同等以上でなければなりません。特に、外注をコスト削減の手段として利用する場合には、**明確なコストメリット**が必要です。

外注先とは、中長期の継続取引を行なうことが多いので、信頼できるパートナーとして安定的に供給する能力が求められます。外注

◎「よい外注先」の選定基準◎

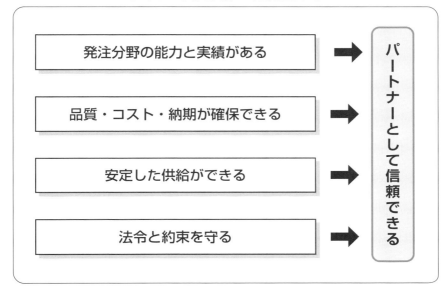

先から部品等を調達している場合に、供給がストップすると自社製品の生産ができなくなるからです。

また、いったん外注先として選定・契約した後に外注先の入れ替え等を行なうと、一時的に供給が止まるリスクが伴います。

最後に、トラブルの防止の観点から、法令や契約の遵守と真摯な業務遂行が重要です。世の中には、法令違反や契約の不履行などで外注先とトラブルになる例が多数あり、外注先の選定には慎重な考慮が欠かせません。

以上を総合して、パートナーとして信頼できるかどうかを事前に十分考慮したうえで「よい外注先」を選定する必要があります。

もちろん、選定して契約した外注先も運営管理の実績等によっては見直しすることもありますが、100点満点の外注先がそう簡単に見つかるわけはありません。

したがって、「よい外注先」を**育成する覚悟**で確保しておいてから、良好な取引関係を構築するのに越したことはありません。

3-2 外注化をすすめる第1ステップ「外注目的の明確化」

⋯▶ 外注化は4つのステップですすめる

外注化は、「外注目的の明確化」→「外注候補の選定調査」→「候補企業の評価」→「契約の締結」という4つの基本的なステップに従ってすすめることとなります。

外注先の選定については、「既存外注先からの選定」と「潜在外注先からの選定」の2つのパターンに分類されますが、そのいずれの場合でも、この4つの基本的ステップを適用することは変わりありません。まずは、第1ステップから見ていきましょう。

◎外注目的を明確化する手順◎

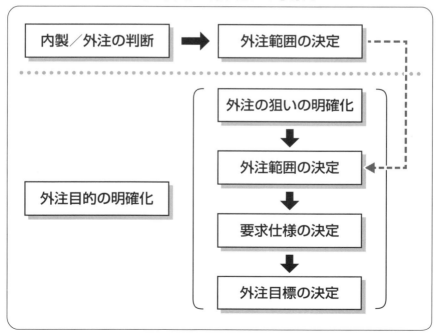

外注の狙いは何か

外注をする場合には、必然的に「**外注の狙い**」があるはずです。

外注の狙いには、主に次の3つがあり、それぞれに適した外注化をすすめることになります。

- 自社で内製できない部品やサービスを入手する
- 自社で内製するより優れた部品やサービスを入手する
- 外注先から部品やサービスの供給を増加して自社の生産能力を高める

また、外注はそれ単独でよし悪しを考えるのではなく、内製と外

◎発注元の狙いと外注先の役割◎

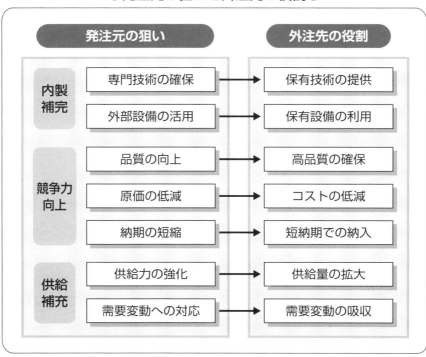

注を合わせた自社の生産全体で有意義となるようにするので、外注の役割も自ずと全体の意義に沿ったものとなります。

外注の目的を明確化する際は、外注の狙いとあわせて、**外注の具体的な範囲**を定める必要があります。事前に外注範囲は決めているはずですが、具体的な企業が見えてきたときにチェックするのが肝要です。

要求仕様を決定する

外注の目的と範囲が決まったら、外注に関する「**要求仕様の決定**」に入ります。

外注と購買の違いは、「自社の要求する仕様」で調達するのか、「調達先等の仕様」のままで調達するのか、ということなので、要求仕様は外注の本質的な要素です。

◎要求仕様が満たすべき3つの条件◎

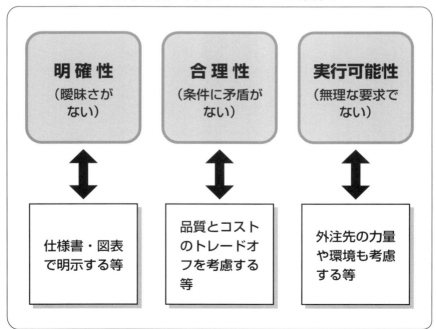

要求仕様は、外注先が適切に生産することができるように、①明確であること、②合理的であること、③実行可能であること、が必要です。

①の要求仕様が明確であるということは、仕様としての曖昧さがないことであり、外注先が設計製造等の生産工程を正確に実施できるためには必須です。

それを確保するためには、仕様としての定性的・定量的な定めを概要レベル・詳細レベルの書面で示すことや、設計図面およびパラメーター数値等を一覧とした数表を外注先に渡したりします。

また、条件の②の合理的であるということは、要求仕様の各条件に矛盾がないことであり、たとえばトレードオフとなる関係になりがちな高い品質と低いコストの要求が同時に満足できる範囲であること、などです。

さらに、条件の③の実行可能性は、外注先の力量も考慮して無理な要求ではない、ということです。

外注の目標は何か

外注の対象を明確にした後には、外注の実施による期待効果を検討し、「**外注の目標**」として設定します。

外注における期待効果は、新たな機能の実現、性能の向上、動作条件や品質特性のクリア、コストの低減、納期の短縮、技術能力の補完、供給能力の拡大、リスク分散の実現、などのさまざまな領域に及びます。

外注の目標は、定性的なものと定量的なものが考えられますが、できるだけ**定量的目標として設定**するように心がけます。

たとえば、コスト削減が狙いであれば、外注することによって内製する場合よりも何％のコストを削減するのかを目標とします。

3-3 外注化をすすめる第2ステップ「外注候補の選定調査」

情報収集から始める

　外注の範囲や要求仕様によっては、外注先の選定方法も異なってきます。

　たとえば、既存部品の改良をする場合には、すでに取引のある外注先があるなかでの見直しとなりますし、新規部品を設計製造することが外注の目的であれば、外注先を新たに選定する場合もあります。

　外注先の候補企業の選定においては、まず「**情報収集**」から始めますが、収集する情報には、**内部情報**と**外部情報**があります。

　内部情報には、外注の要求仕様、取引実績（納入量・納入金額等）や評価実績（品質・コスト・納期等）、外注先に関する自社担当者の意見、などがあります。

　一方、外部情報には、対象範囲における市場動向・技術動向、潜在外注先に関する業界での評判や信用情報などがあります。

候補企業のリストアップ

　候補企業をリストアップするには、「公募方式」「指名方式」「提案方式」などの方法があります。

　公募方式は、「新しい技術を使う必要があり、既存外注先以外の協力を求めたい場合」に有力です。

　指名方式は、「新たな外注先候補と既存の外注先とを競わせたい場合」などに有力です。

　提案方式は、「自社のノウハウを開示するのを、特定の外注先に限定したい場合」などに有力です。

　いずれの方式においても、リストアップした候補企業に対して要求仕様／条件を示して提案を招請します。

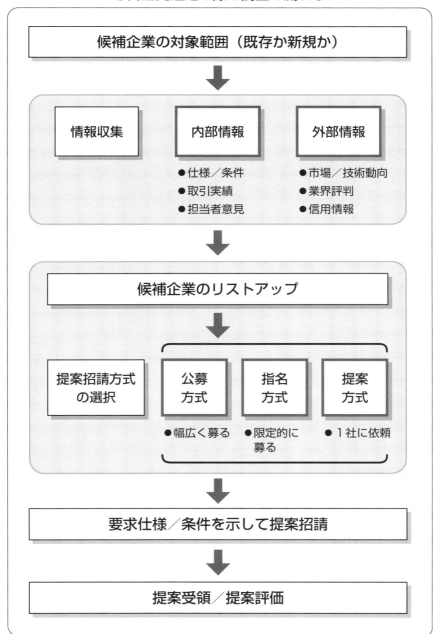

3-4 外注化をすすめる第3ステップ「候補企業の評価」

⇒ データにもとづく定量評価

　外注先の候補企業を選定したら、「評価」を行なったうえで外注先を決定します。

　候補企業の評価は、さまざまな側面から行ないますが、主な評価項目は「**経営能力**」「**技術能力**」「**生産能力**」「**管理能力**」の4つです。

◎「評点表」の作成例◎

評価項目		評価要素	評点	重み	得点
経営能力	経営者資質	経営理念、マネジメント方針	3	1	3
		パートナーシップ姿勢			
	財務体質	財務内容、業績推移	2	1	2
		業績見込、中長期計画			
	法令遵守	許認可取得、企業風土	2	1	2
		コンプライアンス体制			
技術能力	開発生産技術	開発実績、生産実績	3	1	3
		技術継承、人材育成			
	知的財産	保有知的財産	1	1	1
		開示方針、外部連携			
生産能力	生産体制	生産組織、生産プロセス	2	1	2
		管理手法、人員能力			
	設備/システム	保有生産設備、設備能力	2	1	2
		管理手法、設備更新計画			
管理能力	品質管理	品質実績	2	2	4
		管理手法、改善施策	2	1	2
	コスト管理	コスト実績	2	2	4
		管理手法、コスト改善施策	1	1	1
	納期管理	納期実績	3	2	6
		管理手法、改善施策	2	1	2

（注1）評点：3（優れている）、2（普通である）、1（不十分である）
（注2）評点×重み＝得点

また候補企業の評価は、品質（Q）／コスト（C）／納期（D）の実績等のデータにもとづく**定量的評価**を行ないますが、定性的な評価要素であっても、適切に数値化することで客観性を高めた合理的な総合評価とするように努めます。

既存の外注先であれば、自社に取引実績がありますから、品質・コスト・納期の実績を調査・把握して実態を評価します。

一方、新規の候補企業であれば、提案内容に含まれる生産実績や他社への納入実績の情報をもとに評価します。この際に、必要であれば提案内容について**ヒアリングを実施**して、詳細に確認します。

評点表による総合評価

総合評価は、外注先候補としての評価材料を集めたうえで「**評点表**」等を用いることが有効です。

「評点表」は、評価項目ごとの評価観点と重み付けをあらかじめ決めておき、評価実施時の総合判断に役立てるものです。評価項目、さらに評価の観点をどのようにするか、項目の重み付けをどのように考えるか、は各企業の戦略や方針にもとづいて決めておきます。

たとえば、評価項目ごとの評点を「3」（優れている）／「2」（普通である）／「1」（不十分である）と数値化し、重みを掛け合わせて得点を算出します。

評価表での「総合評価」は、各項目の評点による総合得点と重要な評価要素である「提案価格」を勘案して最終決定します。

評価項目		得点
経営能力		7
技術能力		4
生産能力		4
管理能力	品質管理	6
	コスト管理	5
	納期管理	8
総合得点		34
見積価格		30,000円／個
総合評価		A：決定 B：次点 C：その他

3-5 外注化をすすめる第4ステップ「契約の締結」

契約する際のポイント

　候補企業の評価結果により最終的に外注先を決定した後に、**契約を締結**します。契約と法律に関する必須知識については、4章で詳しく解説しますが、ここでは外注の性格を考慮した契約のポイントを示しておきましょう。

　外注先との契約は、一般に「製造委託契約」あるいは「業務委託契約」といわれますが、法律的には、仕事の「**完成**」を約束する**請負契約**であるか、仕事の「**実施**」を約束する**委任契約**（または準委任契約）であるかの区別があります。通常は、この2種類しかないと考えてけっこうです。

　委任契約は、誠実に仕事をするという約束をするだけで、結果を保証しません。医師が病気を治すという約束をしないことと同じ考え方です。

　外注では、要求仕様や条件を定めて外注先に委託する場合が多いので、一般に請負契約となりますが、取引の性質によっては委任契約となることもあります。たとえば、ソフトウェア開発の場合には、工程別に分けて契約することもあります。

　外注契約が、請負契約であるか委任契約であるかの区別を明確にしておくことは、後々のトラブル対応のうえで非常に大切です。それは、契約の種類によって「何をどこまで約束するのか」が異なっており、発注元と外注先で解釈に相違が生じて、それがトラブルの元にもなるからです。

　外注では、要求仕様や条件が明確でなければならないので、契約書には「仕様書」「設計図面」「その他の要求条件を表示する数表」などを添付します。

◎請負契約と（準）委任契約の違い◎

契約の相違点

	請負契約	（準）委任契約
契約の目的	仕事の完成	仕事の実施
成果物の有無	あり	なし
報酬の請求	予期した結果による請求	行為の実施による請求
責任／義務の種類	瑕疵担保責任	善管注意義務
再委託の可否	原則として可能	原則として不可
契約の適用例	物品等の製作契約	技術指導契約
	デザイン制作契約	ヘルプデスク契約
	ソフトウェア開発契約（プログラミング）	ソフトウェア開発契約（要件定義）
	コンサルティング契約（成果物あり）	コンサルティング契約（成果物なし）

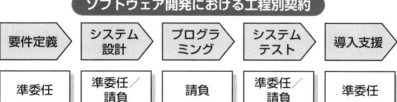

ソフトウェア開発における工程別契約

要件定義（準委任）→ システム設計（準委任／請負）→ プログラミング（請負）→ システムテスト（準委任／請負）→ 導入支援（準委任）

　発注元には、外注先が実行可能な要求仕様と条件を明確にする責任があり、外注先には「仕様／条件」に合致するように納入する義務があります。

　契約書以外にも、相互に交わした文書や口頭の約束がある場合があり、それらにも注意をする必要があります。

　たとえば、外注先から受領した提案書や見積書、ヒアリングでの確認事項、打ち合わせにおける口頭の約束、などです。特に、口頭による約束は、曖昧で解釈に相違を生じやすいとともに、証跡が残らないので、議事録によりお互いに確認しておくべきです。

3-6 外注化が成功するには？

外注管理業務のサイクルを適切に回せるか

　一般に、外注は一時的な取組みではなく、継続的な取引関係を構築してパートナーとして協業することが多いです。
　そのため、中長期の継続取引が前提となる外注化で成功するには、先にも書いたように、「外注管理業務全体のサイクルを適切に回す能力（組織や風土）があるかどうか」がカギとなります。
　外注管理業務全体でみると、次の4つがサイクルとなります。

> ①外注方針の策定・目的の明確化
> ②外注先の候補企業の評価・選定
> ③運営管理と外注政策
> ④実績評価と反省・改善

　そうした全体的な観点から、外注管理業務のサイクルを適切に回すために重要なこととしては、次の3つがポイントとなります。
❶**情報・認識の共有**…発注元および外注先との間での情報と認識の共有ができているかどうか。
❷**業務のしくみの定着**…発注元・外注先のそれぞれ、および相互の業務について、しくみが定着しているかどうか。
❸**経験の蓄積・活用**…QCD（品質・コスト・納期）の実績やトラブル処理等の経験を、反省事項・ノウハウとして蓄積し、業務改善に活かしているか。
　この3つのポイントは、外注管理業務サイクルにおける潜在的なトラブルを防止することにも非常に有効なので、外注化をすすめる段階では、これらに留意することで外注化を成功に導くことに役立

◎外注管理業務サイクルと外注化に成功するポイント◎

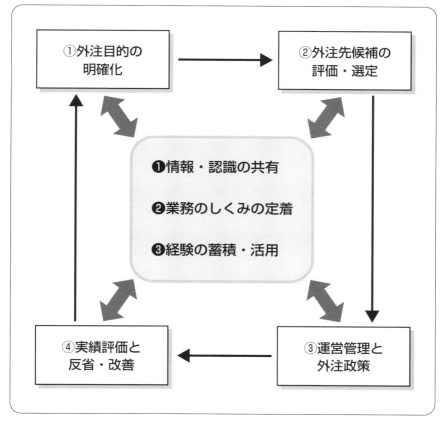

ちます。

　本書では、外注化のすすめ方という本章の主旨から、先にあげた外注管理業務サイクルの①および②を中心に解説しますが、外注先を評価・選定して外注先との契約を締結するにあたっては、サイクルの③および④の運営管理面も考慮してすすめることが大切です。

　次項以降で、外注化に成功するポイントの一つひとつについて詳しく見ていきます。

3-7 外注化の成功ポイント①「情報と認識の共有」

発注元と外注先の認識には差がある!?

外注化で最も重要な成功ポイントは、「情報と認識を共有しておく」ことです。

外注化は、社外のパートナーとの協業であるので、双方の認識が合致していることが必須ですが、ほとんどの場合で双方の認識には差があります。

相違が生じる場合で大事なのは、次の3つのケースで、大きなトラブルの元になります。

①外注する部品やサービスに関する要求仕様
②外注先に求める品質・納期等の要求条件
③締結する契約上の権利・義務や各種の制約条件

双方の認識に相違が生じる要因

発注元・外注先の間で情報・認識に相違が生じるのは、「関係者それぞれの思い込み」「関係者間の解釈の相違」「企業間の合意と納得の差」が主な原因です。

人間は誰でも「**思い込み**」に陥る危険性があり、十分な注意が必要です。思い込みの多くは、口頭でのやり取りや約束の場合に生じ、その原因は「自分の認識は間違いない」というバイアス(偏見)が身についていることです。

認識の相違は、「**解釈の違い**」で生じることもあります。主に文書によるやり取りや約束の場合に生じ、その原因は「自分に有利な解釈がしたい」という潜在的意識です。

「**合意と納得の差**」は、発注元と外注先の立場の強弱から生じ得る相違です。

◎情報・認識の相違が発生する箇所と原因◎

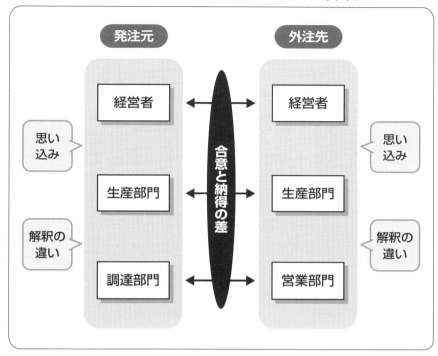

　発注元は「外注先には無理を言ってもよい」と考え、外注先は「無理してでも受注したい」と考えがちなので、「表面的には合意したが、内心では納得していない」状況に陥る危険性があるということです。

情報と認識を共有するための取組み方

　外注化を成功に導くポイントとしては、候補企業の「情報と認識の共有」を見ておく必要があります。その際には、「個人」「組織内」「組織間」のそれぞれの観点から評価を行ないます。
　まず、「個人の取組み」は、「情報・認識の明確化」と「証跡の確保」です。
　「情報・認識を共有するため」には、そごが生じそうな箇所を拾い出し、「5W1H」を使って確認します。

◎5W1Hの活用◎

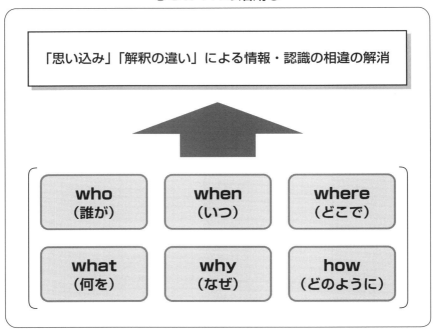

　もう一つは、「証跡を確保する」ことです。自らの思い込みも勘違いも、証跡を残しておけば後々の曖昧さがなくなります。それには、**文書（メモ）化**がキーポイントです。習慣化することが重要です。

　次に、「組織内の取組み」とは、「報連相（報告・連絡・相談）の有効活用」と「会議等での確認と意思決定」です。
　一般的に、報連相は部下から上司に行ないますが、上司から部下に対しても行なう双方向となっていれば、情報・認識の共有によい効果が得られます。
　特に中小企業では、社長のワンマンや担当者の個人プレーが見られることが多いので、重要な事項は「会議等で共有・確認・決定する」ことで"独断と偏見を排する"ことを期待します。

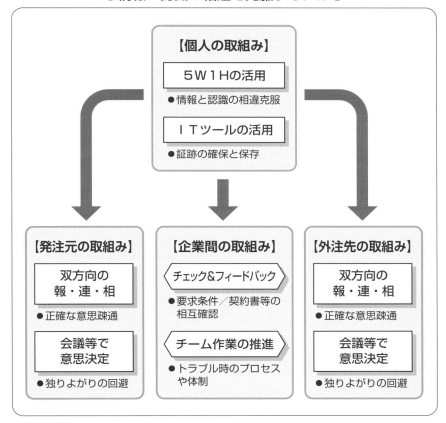

　さらに「組織間の取組み」では、「チェック&フィードバックの活用」と「チームでの共同作業の推進」が効果的です。

　外注すると多くの場合、「外注先に任せきり」になりがちです。外注先の評価・選定・契約締結において、社外とのコミュニケーション力を見ておくと、契約後も発注元と外注先が相互に内容だけでなく、その意味合いの認識の相違をなくせるでしょう。

　契約後の運営管理におけるトラブル時の対応プロセスや共同作業体制の確立等についても、事前に協議しやすくなります。

3-8 外注化の成功ポイント② 「業務のしくみの定着」

⋯▶ どのように「しくみ」化したらよいか

　外注化が成功するポイントの2つ目は、社内の外注管理業務サイクルの各業務を「しくみ」として定着させることです。

　外注管理の業務遂行は、多くの関係者の分担と協調を要するものであり、業務プロセスの標準化を進めて、しくみとして定着させることは、業務遂行の適正化・効率化に資するとともに、トラブルの防止にも大いに役立ちます。

　特に中小企業では、担当者が長期間固定されることが多く、担当者個人が"一人よがり"の方法に頼る場合があり得ます。

　そうすると、外注先の候補企業が狭い視野の範囲内に限られる、従来の慣行に従った評価選定が行なわれる、発注・納入・支払い等が適正に実行されない、品質・コスト・納期の管理がおろそかになる、外注先を指導育成できない、などの弊害が生じる危険性があります。

　構築すべきしくみで重要なのは、「要求仕様／要求条件の記載方法」、「外注先企業の選定・評価方法」、「契約のプロセスと交渉方法」、「契約後の発注・納品・検収の方法」。いわゆる大きな問題が出そうな部分です。

　しくみとして定着させるということは、業務の標準化・ルール化に関して、日ごろから「構築し」「運用し」「確認し」「見直す」ということです。

　いったん「しくみ」として定着させた場合でも、マニュアルに依存し過ぎることは禁物です。いくら役立つしくみであっても、時間が経過するにつれて現状や実態に合わなくなり、杓子定規なルールの適用は組織運営を硬直化させます。

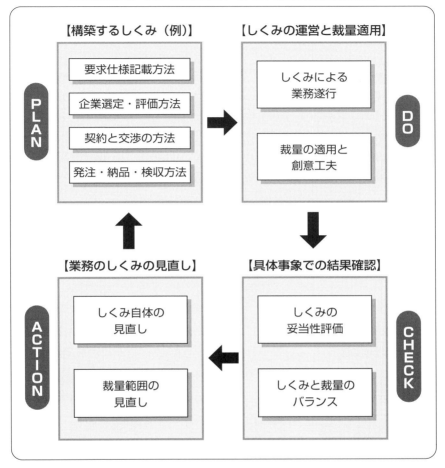

　また、しくみのなかで一定の裁量範囲を考慮しておいて、関係者が自ら創意工夫をする余地を残すことも大切な点です。
　これら一連のしくみづくりを「**業務設計**」といい、業務をIT化するときにも役立ちます。

3-9 外注化の成功ポイント③「経験の蓄積準備」

外注管理業務で得られる「経験」とは

　外注化を成功させるポイントの3つ目は、外注管理業務で得た「**経験**」を蓄積して、活用する準備をしておくことです。

　外注管理業務で得られる経験は貴重なものなので、ノウハウとして蓄積したうえで、今後の業務に実際に活用することが肝心です。

　ここでいう「経験」の内容は、「外注先に関する実績データ（取引実績／評価実績）」「過去のトラブル事例とノウハウ集」などさまざまなものを指します。

　こうした「経験」を活かすためには、情報・認識の共有のために構築している自社内のデータベースに、「外注管理に関する情報・データ」の内容をまとめて保管し、社内ネットワークを通じて**関係者がいつでもアクセスできる**ようにしておくことです。

　外注化においては、あまり真剣に議論される項目ではないのですが、必要性は理解していただけるはずです。

「経験」はどのように活かせるか

　外注の「経験」は、次のように外注化のすすめ方に活かすことができます。
①外注先を選定する場合、「実績データ」から評価する
②「実績データ」から既存の外注先への発注シェアを管理する
③「議事録・報告書」を踏まえて契約書の曖昧さを減少させられる
④「経験」全体から外注方針や外注政策へ反映する事項を抽出できる

　また、契約後の運営管理に属する事項になりますが、個別のトラ

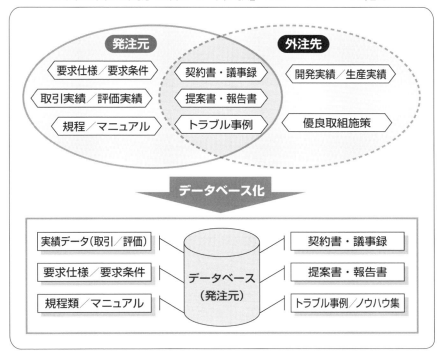

ブル対応においても「経験」を活かすことが有用です。

たとえば、トラブルの原因究明で発注元と外注先の認識に相違が顕在化した場合にも、次のように「経験」を活かして相互の利害対立に冷静な対処をすることができます。
①規程類やマニュアルに従った方法によって対応する
②取引の証跡（契約書、仕様書、議事録）で条件の適切さを確認する
③トラブル事例の類似ケースを参考に原因を推定する
④蓄積されたノウハウを参考に共同チームで取組みを進める

このように、経験則は「暗黙知」（経験や勘にもとづいた知識）にしないようすることが大切です。

3-10 外注化の成功ポイントをまとめてみると

成功ポイントは3つにまとめられる

　外注化で成功するポイントについて説明してきましたが、ここで改めて成功ポイントをまとめてみると、以下の3つに集約することができます。

　まず第一に、自社の経営戦略や事業戦略の観点から、外注をどのように活用するのかを明確にして、内製するか外注するかの判断を行なう方針（外注方針）を策定します。この外注方針に従って、具体的な製品／サービスやそれらの部分である部品等を外注することとします。

　次に第二として、外注化のすすめ方に沿って「よい外注先」を選定して、適切な契約を締結します。外注先は、中長期的な観点から継続して取引できるように慎重に評価して選定します。

　そして第三は、先々の外注トラブルを防止する観点も考慮しつつ、①情報・認識の共有、②業務のしくみの定着、③経験の蓄積・活用、の3つに留意して、発注元および外注先がWin-Winの関係になるように努力することが成功のポイントになります。

　外注は、発注元と外注先の協業であることを肝に銘じて、以上の成功ポイントに留意して「よい外注先の選定」を行ない、その後の日常の取引関係による信頼の構築が大切となります。

◎外注化の成功化をめざす流れ◎

経営戦略・事業戦略の確認

よい外注先を見つける

技術力はもちろん
企業風土や業務のやり方における
相違点を分析する

いずれ外注先とは
Win-Winをめざすので
相違点をどう克服するかについて協議する

信頼できる相手と確認がとれれば
契約！

知っトク！COLUMN

海外では日本の常識は通じない

　ビジネスであってもなくても、「海外では日本の常識は通じない」とは、よくいわれることです。そのことを、ビジネスの観点から見てみましょう。

【海外でのルールを守るのは必要だが、十分とはいえない】

　事業免許の取得や外国からの投資等において、海外では自国の法令の遵守やビジネスのルールに従うことを求めますが、法令・ルールを遵守して免許を取得しても安心はできません。政権の交代等があれば法令やルールはしばしば変更されますし、外国企業には不利となる変更がされることも少なくないからです。したがって、こうしたルールの変更に備えた準備をしておくとともに、実際に変更されても柔軟に対応することが求められます。

【正規のルール以外に暗黙の慣行がある】

　海外では法令が定められていても、細かい点は役所の裁量によることが大きく、ルールの適用範囲や裁量の程度が不透明である場合があります。事業者の間でも、契約に記載のない慣行によって物事が決まったり進む場合があり、注意を要します。また、契約の不履行や不正行為などがあった場合でも、裁判の公正さや迅速な審理が望めないことがあり、相手の信用度は事前にチェックするべきです。

【社会文化にもとづく常識が異なる場合が多い】

　多くの人が、自国の文化や慣習以外には不慣れで、外国企業の考え方や行動に理解できないことがしばしば起こります。自分の非を認めることができない場合は、従来は友好的な関係であっても、利害が対立することになれば解決することは困難になります。特に、政治、イデオロギー、宗教の問題は、事前にトラブル事例をよく勉強しておくことです。

4章

外注管理に必要な契約と法律の必須知識

Outsourcing Control

執筆◎滝沢　悟

4-1 外注管理に必要な契約の基礎知識

外注化に伴うリスクと、CSR、ESG

　1章で説明したように、本書では、「外注」とは自社の仕事を外部の企業あるいは組織・個人に委託することと定義しました。

　また、外注は自社にとってメリットとデメリットがあることを説明しましたが、外注化によってリスクが発生することについても、あわせて説明しました。

　ここでは、外注化に伴うリスクについて、もう少し詳しく見ていきましょう。

　外注化に伴うリスクとしては、契約の曖昧さによるトラブル、管理不在、下請法違反による法的訴追、情報セキュリティの問題、災害時のBCP対策の弱さなどを、代表的なものとして紹介しました（☞24ページ）。このほかにも、企業の長期的な成長のためには発注者の立場として、**CSR**（Corporate Social Responsibility：**企業の社会的責任**）や**ESG**（Environment：環境、Social：社会、Governance：ガバナンス）という観点からも、企業活動やリスクを見ていく必要があります。

　CSRとは、企業が利益を追求するだけではなく、組織活動が社会に与える影響に責任を持ち、社会に貢献していく活動をいいます。

　また、ESGは環境、社会、ガバナンスの英字の頭文字をとったものですが、最近では、環境に優しい、社会貢献活動や企業統治に優れた企業であることが取引先や投資先などから求められています。

　これからは、こうした観点を持たない企業は、徐々に市場から淘汰されていくことになりそうです。

　たとえば、最近、日本において頻発している大手自動車メーカーや防災設備メーカーによる品質データの改ざんやねつ造等の事件か

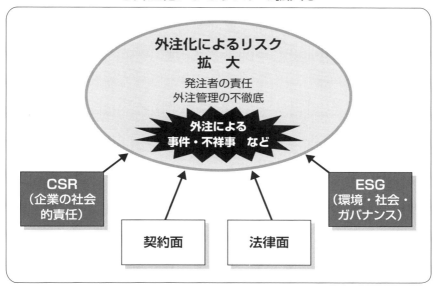

らもわかるように、いったん事件が発生すると、莫大な損害賠償を負うとともに、CSRの面では**企業の倫理性**が強く問われ、ESGの観点が薄い企業については、**将来に向けて大きなリスクを抱えた企業**であると見られて、投資を制限されることにつながっています。

こうした事例は、発注者の原因により事件が発生する場合もありますが、外注先の不祥事によるケースも多く発生しています。しかし、外注先に主たる原因があったとしても、世の中では**発注者の責任をクローズアップ**して取り上げます。

こうした事態を招かないためにも、外注管理における契約面や法的なリスクマネジメントが重要なのは明らかです。契約および法的リスクの外注管理には、複雑な法律知識を要することも多く、外部の専門家を活用する必要性が高いので、慎重に対応する必要があります。

この章では、こうしたリスクについて、回避策や遭遇したときの対応について、契約や法的な側面から基礎知識を説明していきます。

外注先との契約のしかた

外注先と業務委託の契約をする際は、「請負」「業務委託」「派遣」の3つの契約形態があります。

おおまかにいうと、委託の目的が仕事の完成である場合が**請負**であり、業務の処理を主たる内容とする場合は**業務委託**契約の形態をとります。また、労働者派遣会社から派遣社員を受け入れて業務を処理させる場合などは、**派遣**契約で対応します。

これらのいずれの形態をとるかは、外注の目的、内容に合わせて決めることになります。その際、いずれか一つにしなくてはならないわけではなく、請負と業務委託の混合型の契約もあります。

製造委託契約を例にしてもう少し具体的に説明すると、外注という行為は、外注先に対して製造を委託して外注先がこれを受託し、成果物に対して発注者が対価を支払うという企業間の契約になり、**外注先**と**製造委託契約**を結ぶ必要があります。一般的には、取引のつど、契約書を取り交わすのが基本です。

しかし、日常的に繰り返し継続的に取引を行なうようなケースでは、そのつど契約を交わすのは煩瑣となり現実的ではない場合があります。そこで、あらかじめ個々の取引に共通して適用される基本的な事項を定めた**基本契約**を締結しておきます。

個別の取引内容については、取引の基本契約書の条文で規定し、**個別契約の簡素化**を図ります。したがって、継続的な取引先とは、一般的に「基本契約」と「個別契約」に分けて契約を結びます。

◎基本契約と個別契約の関係◎

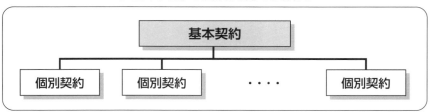

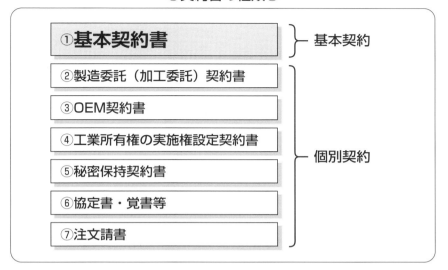

　企業間の取引形態が複雑になるに従って、契約内容を明確に記載した個別契約書が運用においては重要になります。

⋯⋯▷ 契約書のしくみ

　基本契約は、外注先企業との取引が続く限り有効とされるもので、個別契約は個々の発注に対して規定したものです。

　ただし、基本契約を細かく規定し、自社からの注文書発行(名称・単価・納期・数量・納入場所・支払条件など)と外注先からの注文請書発行で、個別契約に代える契約のしかたもあります。

　上図に示したように、契約書には、①基本契約書、②製造委託(加工委託)契約書、③OEM(他社ブランドの製品を製造すること)契約書、④工業所有権の実施権設定契約書、⑤秘密保持契約書、⑥協定書・覚書等、⑦注文請書などの種類があり、業種業態ごとにその業界の慣習や取引慣行等によって特有の契約書の形式があります。

　なお、83ページに、契約書に規定する項目の例(製造業)を示しておきました。参考にしてください。

契約書に規定する一般的な項目

将来のトラブルを防ぐ項目を織り込む

　契約書のひな型は、インターネットで調べれば山ほど出てきますので、そのなかから自社に合った事例を参考にして作成するとよいでしょう。

　しかし契約書には、法律特有の言葉やルールが存在するので、顧問の弁護士やコンサルタントのアドバイスを受けることは必須です。

　右ページに、契約書に規定する項目の一般的な事例を示しましたが、その見方のポイントがいくつかあります。

　たとえば、この契約は誰と誰が結ぶかとか、いつから発行していつまでとするかなど、契約書の基本となる項目以外の、外注契約という行為に関しての注意点です。

①業務フローの最初と最後を明確にして約束事を決めること。外注業務は、自社から外注先への発注に始まり、製品やサービスの受領で終わります。何をもって開始して、何をもって検収したとするのかを明記します。

②一番トラブルとなるのは、品質・納期の問題です。お互いに問題が起きないように努力するものの、起こってしまったらどのように処理していくのか、重大なトラブルであれば責任は誰がとるのかなど、あらかじめ検討して契約書に反映するべきです。

③契約で注意する点は「変更」についてです。通常は何も問題なく動いているシステムでも、多くのトラブル原因は「変更」です。変更が予想される場合には、どの程度まで許容して、どこからはペナルティとするのかの線引きは難しいのですが、これを決めずにオペレーションして問題となるケースは後を絶ちません。

◎契約書に規定する項目の例（製造業の場合）◎

項　目	規定の内容
注文書発行	名称・単価・納期・数量・納入場所・支払条件等
注文請書発行	外注先からの受託の意思表示
価格	外注先からの見積書の提出と協議
仕様書	製品仕様書・工作図・検査基準書・荷姿指示書等
品質保証	品質保証体制、品質・信頼性の確保
納入	納期厳守、自社都合で早めたとき、外注先都合で遅れたとき
検査	速やかな検収、不良品の処置
瑕疵担保責任	瑕疵の補修、代替品納入、代金減額、代金返却、損害賠償等
支払い	請求書発行、支払期日、支払方法
資材供給	支給材（有償または無償）、無償支給材の管理、型・治工具は貸与か外注先持ちか、貸与のときの管理
調査技術指導	生産管理・品質保証等に関連する資料の調査、必要に応じ技術等の指導
工業所有権	自社所有の工業所有権の使用許諾、新規に出願するときの処置、抵触したときの処置
守秘義務	双方の技術上・業務上の秘密
法令遵守	一般法令、下請法等
契約の解除	契約違反、法令違反、破産等
契約終了時	仕様書・図面類の返却、無償支給材の残材・型・治工具の返却
協議義務	特段の定めのない事項について

4-3 外注管理に必要な法律の基礎知識

外注管理に関連する法律とは

　仕事を外部に委託する際に気をつける必要がある「外注管理」と関係の深い主な法律について見ていきましょう。

　外注管理業務は、**①民法・商法、②独占禁止法、③不正競争防止法、④下請代金支払遅延等防止法、⑤労働基準法・労働者派遣法、⑥個人情報保護法、⑦製造物責任法、⑧知的財産基本法**などのさまざまな法律との関わりのなかで、仕事をすすめることになります。

　前項で説明した、契約を遵守することはもちろんですが、法律を遵守することも企業としては必須のことです。

　ただし、法律を守るのは当たり前だという感覚はどんな人も持ち合わせているものですが、実際には、どんな法律があって何が書かれているかなどについて、すべて覚えている人はいません。

　さらにいえば、ビジネスというものは、常識や通念、倫理などもまざりあって成り立っています。仕事するうえでは、契約を結んで業務を行なうわけですが、契約という行為は、そのビジネスの関係性を明確に定義していくものになります。

契約書の役割と法律との関連

　仕事における内容を決める「**契約書**」には、法律には書かれていない部分を埋める役割もあります。

　ただし、契約書に「業務委託」「委任」「請負」などの項目が明記されていても、常に法律と抵触するかどうかは、実態で判断されます。法律に違反する契約は成り立たないし、契約書に記載されていなくても、法律が持っている精神というものは守らなくてはなりません。

◎外注管理に関連する主な法律◎

法　律　名	内　　　容
民法 商法	契約、債務不履行、請負契約等の民事、商取引など
独占禁止法	不公正な取引の防止
不正競争防止法	不正な競争の防止
下請法（下請代金法）	正式には「下請代金支払遅延等防止法」といい、下請け取引の適正化を目的とする
労働基準法 労働者派遣法	労働者の雇用に関することや、労働者派遣で遵守すべき事項など
個人情報保護法	個人情報の取扱いなど
製造物責任法	製造物の瑕疵に対する損害賠償など
知的財産基本法	特許などの知的財産の保護に関することなど

　ちょっと概念的な話になってしまいましたが、つまりは、経営者はもちろん、経営に携わる人は常に法律を理解しておかなければならない、ということです。

　なお、法律に関しては「六法」の存在を知っておかなければなりません。六法とは、日本における主要な6つの法律分野で、「憲法」「民法」「商法」「刑法」「民事訴訟法（民事手続法）」「刑事訴訟法（刑事手続法）」をいいます。

　特に、ビジネスに関するものとして重要なのは、「**民法**」と「**商法**」です。支払いや損害賠償などの問題などさまざまなケースで判断を要するときには、その基準となることが規定されています。

　この章では、主に外注管理に関する法律を紹介していくため、ビジネスに関わるすべての法律を紹介できないことをご了解ください。

4-4 外注管理業務で特に知っておきたい法律の内容

　外注管理に関連する法律のなかで、管理業務を遂行するうえで、特に重要性の高い法律について、その内容などを概観していきましょう。

下請代金支払遅延等防止法（下請法）とは

　親事業者が下請事業者と取引を行なうに際して遵守しなければならない法律として「**下請法**」（正式には、「**下請代金支払遅延等防止法**」）があります。

　自社の仕事を外部に委託する場合には、発注者が親事業者となり、外注先が下請事業者となる関係が成立するケースが多いため、外注するにあたっては、この法律はとても重要な内容を含んでいるのでよく理解しておく必要があります。

　下請法の主旨は、親事業者が取引上の優越的な地位を利用して下請事業者に不利になるような不当行為などを行なうことを規制して、**下請取引の適正化と下請事業者の利益を保護する**というものです。

　この法律で規定する親事業者と下請事業者の関係性の定義は、次ページ上図のとおりです。

　また、下請法では、次ページ下図に示した義務・禁止事項や罰則規定が定められています。

　この親事業者と下請事業者の定義に合致した取引関係にある場合は、下請法の適用対象となり、親事業者がこれらの規定に違反した場合は、公正取引委員会から勧告・行政指導を受けるほか、その状況によっては、罰則や企業名の公表などの厳しい措置が課せられることになります。したがって、発注元企業としては、十分な注意が必要です。

◎「親事業者」「下請事業者」の定義◎

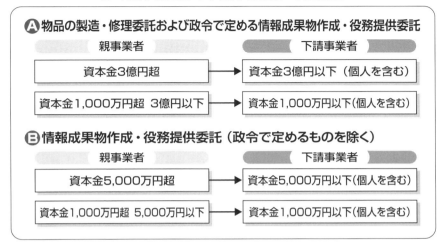

◎下請法における義務・禁止事項と罰則規定◎

項　目	規定内容
親事業者に対する 4つの義務	1．書面の交付義務 2．書類の作成・保存義務 3．下請代金の支払期日を定める義務 4．遅延利息の支払義務
親事業者に対する 11の禁止行為	1．受領拒否の禁止 2．下請代金の支払い遅延の禁止 3．下請代金の減額の禁止 4．返品の禁止 5．買いたたきの禁止 6．購入・利用強制の禁止 7．報復措置の禁止 8．有償支給原材料等の対価の早期決済の禁止 9．割引困難な手形の交付の禁止 10．不当な経済上の利益の提供要請の禁止 11．不当な給付内容の変更・やり直しの禁止
罰則規定	1．第4条に違反があった場合、公正取引委員会が勧告を行なう。公正取引委員会は違反事業者が勧告に従うか否かにかかわらず公表できる 2．書面未交付、書類の未作成・不保存 3．書面調査への未報告・虚偽報告、立入検査の忌避・妨害。これらの場合、行為者個人および会社が罰せられる（50万円以下の罰金）

労働者派遣法と請負の注意点

「**労働者派遣法**」は、派遣労働者の雇用の安定や雇用中の福祉関係の充実のために、労働者派遣事業を安定的に運営していくためにつくられた法律です。正しくは、「**労働者派遣事業の適正な運営の確保及び派遣労働者の保護等に関する法律**」といい、2015年に大きな改正があり、すでに施行されています。

そもそも派遣労働者は、正社員に比べて、雇用の安定や福祉関係が充実しているとはいえません。そういった派遣労働者の雇用を安定させ、キャリアアップにつながる働きを推進しようとしているのが労働者派遣法です。

この法律で、労働者派遣とは、「**派遣元事業主が自己の雇用する労働者を当該雇用関係のもとに、かつ派遣先の指揮命令を受けて、派遣先のために労働に従事させること**」と定義されています。

したがって、派遣元事業主と派遣労働者とは雇用関係にあり、派遣元事業主には雇用主としての責任があります。一方、派遣先と派遣労働者とは雇用関係にはありませんが、派遣先には指揮命令権があります。この労働者派遣の形態をわかりやすく図にすると、下図のようになります。

◎労働者派遣の形態◎

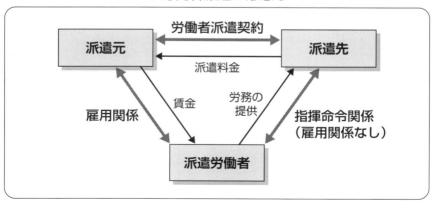

労働者派遣は、一部の例外を除き、どの業務についても行なうことができます。
　ただし、以下の業務は派遣が禁止されているので注意が必要です（これらの禁止業務は、改定される可能性があります）。
①建設の業務、②港湾運送の業務、③警備の業務
④医療関連の業務（ただし、紹介予定派遣は可能）
⑤人事労務管理に関する業務（派遣先の団体交渉、労基法上の労使協定の締結など）
⑥一定の専門業務（弁護士、税理士、社会保険労務士など）
　なお、労働者派遣と類似する形態の一つとして、注文主から請け負った仕事を請負業者がその労働者を使用して行なう「**請負**」があります。
　この請負による場合は、注文主と請負業者の労働者との間に雇用関係も指揮命令関係もないので、労働者派遣法の法規制は受けません。
　しかし、形式的には請負契約の形をとりながら、実態は労働者派遣と同様な仕事のやり方をしているケースがあり、これは「偽装請負」として所管部局から摘発を受ける可能性があるので注意が必要です。厚生労働省の告示により、指導文書が出されています。

◎請負の形態◎

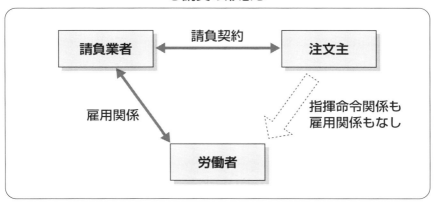

個人情報保護法

「**個人情報保護法**」は、個人情報の適切な取扱いと保護について定めた法律で、正しくは「**個人情報の保護に関する法律**」といいます。

高度情報通信社会の進展に伴い、個人情報の利用が著しく拡大したことを背景に、2005年に民間も含めて全面施行されました。

仕事を外部に委託した場合には、委託先から個人情報をはじめ秘密情報が漏れるという事故があとを絶ちません。

特に深刻なのは、個人情報の大量のネット流出です。2014年に起きた大手教育関連企業による大規模な個人情報漏えい事件は、行政、企業、消費者が個人情報の取扱いの重要性について再認識するきっかけとなりました。外注契約にも、大きく影響を与えるのは明白です。

◎個人情報漏えいのインシデント概要データ◎

項　目	データ
漏えい人数	1,396万5,227人
インシデント件数	468件
想定損害賠償総額	2,788億7,979万円
1件あたりの漏えい人数	3万1,453人
1件あたり平均想定損害賠償額	6億2,811万円
1人あたり平均想定損害賠償額	3万1,646円

（JNSA「2016年情報セキュリティインシデントに関する調査報告書」より）

近年は、インターネットやテレビなどを通した消費者の購買行動などの情報が、ビッグデータとしてビジネスで頻繁に活用されています。

このような背景を受け、個人情報保護法の制定当時は想定されて

◎個人情報保護法の2017年の改正内容◎

①定義の明確化等	●個人情報の定義の明確化 ●要配慮個人情報 ●個人情報データベース等の除外 ●小規模取扱事業者への対応
②適切な規律の下での個人情報有用性を確保	●匿名加工情報 ●利用目的の制限の緩和 ●個人情報保護指針
③個人情報の流通の適正さを確保（名簿屋対策）	●オプトアウト規定の厳格化 ●トレーサビリティの確保 ●データベース提供罪
④個人情報保護委員会の新設およびその権限	●個人情報保護委員会
⑤個人情報の取扱いのグローバル化	●外国事業者への第三者提供 ●国境を越えた摘要と外国執行当局への情報提供
⑥請求権	●開示、訂正等、利用停止等

いなかったさまざまな問題点等の解決や、ビッグデータを活用した新しいサービスや社会問題の解決を後押しするために、個人情報保護法は2017年9月に上表のような改正が行なわれています。

　情報保護の観点からいえば、起こってしまってから反省してもしかたがない面が多くあるため、契約時点でしっかりと契約内容を確認するだけでなく、変化する情勢に対応することができる体制づくりを契約にも盛り込む必要があります。

4-5 法的問題になった事例とその対策

　これまでの解説をもとにして、法的に問題になった具体的な事例とその対策について4例ほど紹介します。

⋯▶ 下請法違反となった事例

【事例1】
　親事業者A社は、下請事業者B社との機械工具等の製造委託において、次の3つのことを行なっていました。
① 「歩引き」として下請代金の額に一定率を乗じて得た額を差し引くことによって、下請代金を減じていた。
② 下請事業者に対して、給付を受領した後で商品を引き取らせていた。
③ 「広告協力金」と称して、一定額の金銭を提供させていた。

【違反内容等】
　B社から下請法の所管担当部局へ連絡が入り、A社への立入り調査の結果、①は下請法の「減額の禁止」、②は同法「返品の禁止」、③は同法「不当な経済上の利益の提供要請の禁止」の各条項に抵触することが判明し、A社に対して下請事業者B社が被った損失額の回復措置の勧告を受け、A社は数億円を支払うこととなりました。
　また、A社は公正取引委員会のホームページに企業名を掲載されたため、信用の失墜につながることとなりました。

【対策案】
　A社は、外部委託をするにあたって、日頃から下請法の主旨について、購買部門をはじめ、全社でその重要性を認識させておく必要

がありました。

　A社は、長年の取引慣行をそのまま踏襲していましたが、親事業者としての優越的な立場による取引をすることなく、外注先企業とはWin-Winの関係を構築することに努めるべきでした。

個人情報流失の事例

【事例２】
　C社は、新商品のマーケティング調査を行なうために、ダイレクトメールの発送業務をD社に外部委託し、顧客の個人情報を含むデータベースを添えて発注しました。しかしD社は、この業務をC社には無届けでE社に再委託しました。
　ところが、E社の従業員が顧客情報の入ったパソコンを帰宅途中の電車に置き忘れ、紛失してしまいました。

【違反内容等】
　その後、顧客を通じて顧客情報の漏えいが発覚し、損害賠償問題に発展することとなりました。
　C社は、情報が漏えいした数千人の顧客に対して陳謝するとともに、個人情報の漏えいに伴う損害賠償を顧客に対して行ない、多額の損失額を負担することになりました。

【対策案】
　C社は、外部委託をするにあたって、外注先D社の個人情報保護法にもとづく個人情報の取扱いに関する管理体制や、委託した作業の具体的な実施方法・体制を事前に確認しておく必要がありました。

偽装請負の事例

【事例３】
　F社は、情報システムの構築において、システムインテグレータ（ＳＩ）のG社と請負契約を結んで、開発を行なうこととしました。

　システム開発は、Ｆ社の開発拠点のビルで行なうことになり、Ｇ社は、開発現場には自社の管理者を置かずに、社員や下請会社のＳＥが客先常駐の形で開発を進めることになりました。
　Ｇ社では、Ｆ社のリーダーから作業指示を受けて開発を行ないましたが、開発は予定どおりに進まないため、残業が多くなり、過重労働のために体調を崩すＳＥが続出してしまいました。

【違反内容等】
　このケースでは、請負とは名ばかりで、実態はＦ社のリーダーが指揮命令をしており、労働者派遣の形態と同様でした。
　Ｇ社の目が行き届かなくて、長時間労働が続き、体調を崩したＳＥからは、残業代の不払いや偽装請負ではないかとのことで、労働基準監督署へ連絡が入り、立入り調査の結果、職業安定法および労働者派遣法違反で処分されることになりました。

【対策案】
　Ｆ社は外部委託をするにあたり、外注先Ｇ社と請負契約を結ぶ際には、Ｆ社のリーダーが作業現場で指揮命令をすることなく、Ｇ社のプロジェクトリーダーが現場に常駐ができることを確認したうえで発注すべきでした。
　また、開発を行なう同一場所に発注者と請負業者がいる場合は、双方の間に仕切りを設けたり、指揮命令はＧ社のほうで取り仕切るようにしておくべきでした。

さらにいえば、契約にあたっては、請負契約ではなく、業務委託契約のような形態を考慮してもよかったケースです。

民法の瑕疵担保責任違反の事例

【事例4】
H社は、産業機械の部品を生産している資本金1,000万円の会社です。主に、I社製造の産業機械を動かすエンジンの部品を製造しています。
I社の最終ユーザー（J社）が機械を使用していたところ、事故が発生し、H社の部品が不良品であったことが事故の原因と判明。H社は、1億円の補償を親事業者であるI社から要求されています。

【違反内容等】
このケースは、典型的な瑕疵担保責任の問題で、民法にもとづく解決が一般的です。どの会社に責任があり、どの会社が賠償すべきかというのは、その問題の原因と契約内容により決まります。
H社が納品した部品の責めに帰すべき事由にもとづいて事故が発生した場合、債務不履行として損害賠償請求を受ける可能性があります。しかし通常は、たとえ部品に欠陥があったとしても、最終ユーザー（J社）の賠償責任を全額負担するということはありません。
下請法が関係するので、賠償負担の分担を決めるべきでしょう。さらにいえば、1億円の妥当性自体もよく精査するべきです。

【対策案】
H社は、本当ならばI社との契約にあたり、瑕疵担保責任はどこまで負うのかの上限などを契約書で明記すべきです。
実際には、中小企業と親会社との関係で、あいまいなまま契約してしまい、発注側の言うとおりに賠償金を支払うケースもあるようです。不当な要求の押しつけは、下請法違反も考えられるので、公的機関などに相談することをお勧めします。

4-6

PL法や知的財産権にまつわるリスク

損害賠償だけではすまないケースも

　この章では、仕事を外部に委託する場合に深く関連する契約や法律について解説してきました。

　前項で取り上げた法律違反の事例からもわかるように、いったんトラブルや事件が発生すると、企業は巨額の賠償金を支払ったり、社会的な信用を失墜することになりかねません。

　前項の事例1～3のように、損害賠償することですんでいるケースが多いのですが、最悪の場合には倒産に追い込まれる可能性もあります。そのようなリスクのある新しい法律について、触れておきましょう。

PL法や知的財産基本法を知っておこう

　「**製造物責任法**」は、製造物の欠陥により損害が生じた場合の製造業者等の損害賠償責任について定めた法律です。製造物責任という用語に相当する英語（Product Liability）から、「PL法」と呼ばれることもあります。

　一般に、製造物は、メーカーから卸売業者を経て小売店に卸され、それがエンドユーザーである消費者に販売されますが、このPL法では、たとえば製造物に欠陥があり、エンドユーザーが損害を被った場合、エンドユーザーは小売店などを飛び越して、直接、メーカーに対し無過失責任を負わせ、損害賠償責任を追及できるとされています。エンドユーザーだけではなく、損害を受ければ第三者でも責任を追及することができます。

　一方、「**知的財産基本法**」は、知的財産戦略大綱にもとづいて、知的財産の創造、保護および活用に関する施策を集中的かつ計画的

◎知らないと後で慌てることに！◎

PL法　自動車の自動運転においてもどこまで責任が問われるのか議論になっているほど重要！

知的財産権　外注契約する際には、しっかり検討を。知的財産や営業秘密が中国や韓国など海外に流れ、窮地に立たされた日本企業はいくつもある！

に推進することを目的として、2002年12月に制定されました。

　知的財産の取扱いに関する国、地方公共団体、大学等および事業者の責務等を明確化したほか、内閣に知的財産戦略本部を設置し、知的財産の創造、保護、活用および人材の確保に関して施策を行なうことを明記しています。しかし日本は、知的財産立国の実現をめざしていますが、本当に何が問題なのかはわかっていないかもしれません。

法律をよく知っていることが会社を守る

　長年続いてきたような老舗企業でも、従来の慣習や業界の取引慣行をそのまま踏襲し、最近の法律の制定や改定状況にうとくなってトラブルを引き起こす場合があります。

　また、創業間もないベンチャー企業や中小企業の場合には、日々の仕事をこなすのに忙しいため法律遵守どころではなく、法律には目もくれない経営者が見られるのも事実です。

　企業は、継続企業（ゴーイングコンサーン）として、自社を取り巻くステークホルダー（顧客、従業員、株主、取引先、地域社会等）とともに成長発展していくことが期待されています。

　そのためにも、外注管理の担当者は、先に述べた外注先との取引等に関連する重要な契約や法律等の知識を日頃から習得しておくことが肝要といえます。

知っトク！COLUMN

持続可能な開発目標（SDGs）とは

昨今、「**持続可能な開発目標**」（**SDGs**）という言葉は、世界共通語となりつつあります。SDGsとは「Sustainable Development Goals」の略称で、発音は「エス・ディー・ジーズ」です。

SDGsは、2015年の国連サミットで採択されたもので、国連加盟国193か国が2016～2030年の15年間で達成するための目標です。

SDGsの特徴は、17の大きな目標と、それらを達成するための具体的な169のターゲットを示し、環境・社会・経済の諸問題を統合させて解決する重要性を示しているほか、「誰一人取り残さない」「世界を変革する」などを掲げていることにあります。

17の大きな目標のなかには、貧困や飢餓、健康や教育、さらには安全な水などの面で開発途上国に対する開発支援が盛り込まれています。

また、クリーンエネルギー、働きがいやまちづくり、産業と技術革新などの目標も取り上げられています。

169の詳細なターゲットを見てみると、たとえば8.3「中小零細企業の設立や成長を奨励する」という内容なども含まれています。

最近は、「**ESG投資**」として「E：環境、S：社会、G：ガバナンス」に積極的に取り組んでいる企業への投資が進んでいますが、これからはSDGsの目標に向けて、積極的に企業活動を推進する企業に目が向けられてきます。

自社の仕事を外部に委託する際には、こうした観点から外注先企業を選ぶ時代が到来しつつあります。

5章

外注管理の運営方法と注意点

Outsourcing Control

執筆◎景山 洋介

5-1

外注管理のポイント

⇒ PDCAサイクルは回っているか

　「**管理**」というと、どうしても「要望どおりにちゃんとやっているか監視しなければ！」と考えてしまいがちです。しかし、最も大切なことは、**発注側と外注企業が協力して製品（サービス）をつくり上げる**ことです。

　発注側は、外注先の企業に対し「発注してやっている」「お金を払っている」、外注される側は「発注してもらっている」「お金をもらっている」というように、上下関係のような意識をもつことが多いのですが、これではお互いに言いたいことを言えない状況をつくることにつながってしまい、結果的に思わぬトラブルを引き起こしてしまいます。

　外注される側の立場から「このままでは製品に問題が起きるのではないか」と思ったものの、「いいから、とにかくやってくれ！」「別の業者に変えるぞ！」などと言われ、そのまま言われたとおりに進めた結果、やはり問題が起きる、といったことはあってはならないのですが、実はよくある話です。

　この章では、外注管理に伴うさまざまな「管理」業務の具体的な運営方法やすすめ方を解説していきますが、管理業務の基本は「**PDCAサイクル**」を回すことです。

　外注管理の難しさは、まさに「PDCA」にあります。PDCAがとても回しにくいのです。というのは、管理する点が多すぎるのです。品質とかコストとか管理する点を絞り込み、あとは無視するぐらいの勇気が必要です。

　そのうえで、外注管理の基本的なポイントをあげておくと、次の

◎PDCAサイクルとは◎

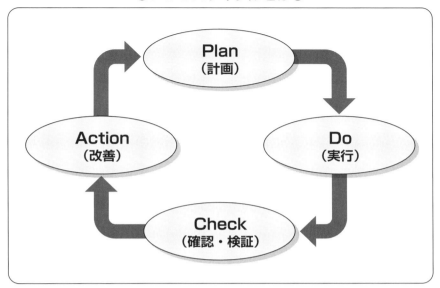

とおりです。

- **外注企業に発注する**＝発注してやっているという考え方はNG
- **外注元から発注を受ける**＝発注していただいているという考え方もNG
- **目的は何なのかを思い出す**＝発注元と外注企業が協力してよい製品（サービス）をつくること
- **PDCAサイクルを使って管理業務を行なう**

どのように運営するのかについては、本章で説明していきますが、まずは、外注管理における「組織」「外注予算」「コンプライアンス」についての考え方を理解しておく必要があります。

そこで、この3つのポイントについて、詳しく見ていきましょう。

外注管理の組織づくりのポイント

　外注管理を行なうにあたって、外注管理「専門」の組織は必要でしょうか？　2-4項の「外注管理体制」でも説明したように（☞40ページ）、外注管理は、購買を担当する部門や、製造を管理する部門が行なうことが多いようです。

　外注管理には、必ずしも専門の組織が必要というわけではありません。繰り返しになりますが、外注管理担当者とその担当者の役割分担を明確にすることが重要なのです。

　つまり、外注管理に関する組織づくりのポイントは次のとおりです。

- ●外注管理担当者を明確にしておく
- ●担当者の役割、責任範囲を明確にしておく

外注予算についてのポイント

　製造業においては、あらかじめ社内で設定した製造原価に収まるコストで製品を完成させる必要があります。外注についても、「外注費」として許容される金額を予算として定めておく必要があります。

　予算の範囲内で希望した仕様の部品ができれば問題ないのですが、予算を超えてしまうことが判明した場合の対処のしかたには、どのような選択肢があるかを考えておく必要があります。

　その場合の選択肢は、次の3つです。
①内製化する
②外注先に、コスト低減をお願いする
③もっと価格の安い別の外注先に依頼する

　しかしいずれも、すぐに対応できるものではないので、日常業務のなかで予算管理をしっかりと行なうことが重要になります。

外注予算を設定する際のポイントは、次のようになります。

- 製造原価の目標金額を設定し、そこに占める外注費を明確にする
- 予算を超えてしまうことがわかったときの対応策を考えておく
- 外注管理に費やす時間をコストとして考えておく

コンプライアンス・ポリシーの遵守

　会社として法令を遵守すること（コンプライアンス）は当然のことですが、外注先のコンプライアンスも外注管理の仕事です。外注先の企業は、言われなくてもコンプライアンスに努めなければなりませんが、発注元とはその考え方もやり方も違っているはずです。

　たとえば、発注側がプライバシーマークを取得するなど個人情報保護を徹底化させていても、外注先が情報漏えいをしたら、たとえ自社データを漏らしたわけではないとしても「当社には関係ない」とはいえません。外注先が、ただ単に法令に違反しなければよいだろう、という安易な考えをもっているとすればますます問題です。

　したがって、コンプライアンス・ポリシーを遵守するための体制やルールをつくり、両社が共同で運営管理していく必要があります。外注先にもしっかりとその意思を伝え、外注管理の一環としてコンプライアンスが成立しているかどうかをチェックしましょう。

　コンプライアンス・ポリシーを遵守するうえでのポイントは、次のとおりです。

- 自社のコンプライアンス責任者を決める
- コンプライアンスのルールを定める
- 外注先にも自社のコンプライアンスのルールを周知する
- ルールが守られているか、定期的にチェックする

5-2 外注先とのコミュニケーションの取り方

外注先との上手な会議のすすめ方

　外注先に発注する際に最も大切なことは、外注企業に「何」を「どうしてほしい」のか、正確に伝えることです。「言わなくてもわかってくれているはず」と、思い込んでお任せにしてしまうと、後々トラブルにつながってしまうことが多々あります。そこで、具体的なコミュニケーションの取り方について説明しましょう。

　まず、最も大事なことは全体のスケジュールを共有することです。繰り返し製造される製品の一部を外注する際は、1か月に一度とか1週間に一度といった単位で、製造サイクルに合わせて合同会議を行なうとよいでしょう。外注先と会議をすすめる際のポイントは、以下のとおりです。

①**合同会議の日程や開催頻度は、最初に決めておく**

　生産活動が忙しくなると、お互いのスケジュール調整が難しくなり、次の会議日程が決まらないという事態が起きます。調整しているうちに、来月にしましょうとか、落ち着いてからにしましょう、となりがちです。トラブルは、忙しいときに起きることが多いものなので、忙しいということを理由にせず、会議日程・開催頻度は最初に決めておき、それを守ることが大切です。

②**会議は問題点を追及するよりも、情報共有を目的とする**

　問題点をクローズアップして追及が始まると、それだけで会議が終わってしまいます。合同会議では、情報共有を第一の目的とし、問題の解決はその後で個別に対応するのがよいでしょう。

③**解決すべき問題が起きた場合は、緊急の場合を除き、担当者レベルで解決する**

　役職の高い人が介入すると、報告書や資料の作成が優先事項とな

り、現場の担当者の動きが悪くなることがあります。最悪の場合、トラブルを隠そうとすることも出てきます。まずは、担当者レベルによる解決を図り、それで解決が難しいという場合に、上席の人間が登場するという形を取りましょう。

④**必ず議事録を作成し、会議後はお互いに内容を確認して齟齬がないことを確認する**

「言った」「言わない」のトラブルを避けるためにも、議事録を作成し、お互いに内容を確認しておく必要があります。海外の外注先だと、こちらの言ったことを、「聞いていない」「知らない」と平気で言ってくることがあるので、特に注意が必要です。

⑤**言葉を交わすだけでなく、図や表を見ながら確認する**

特に、進捗状況の確認においては、外注部品がいつ、どのように必要となってくるのか、納品のタイミングなどをフロー図（下図の例を参照）にして共有すると、相互理解が早まります。

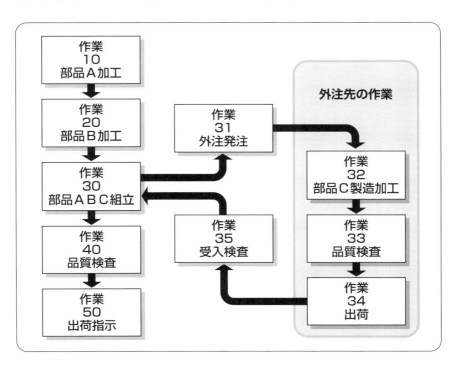

外注先とのコミュニケーション問題と対応策

　円滑にコミュニケーションを取ることは、どんな仕事を行なううえでも最も重要なことです。しかし、外注先とのコミュニケーションは、どうもうまくいかない、ということも多いと思います。

　社内であれば、ちょっと注意することで改善できるような簡単な問題も、外注先相手となると、あまり口出しできない場合もあり、難しいということがよくあります。

　以下に、よくあるトラブルとその対処法を紹介していきますが、問題が起きて、余計にコミュニケーションを取りづらい状況になってしまうことを避けるためにも、早め早めに対処しましょう。

　トラブルが起きた際には、結局は、外注管理担当者の責任が問われるという事態にもなりかねません。

①相談ごとや悩みがないか聞いても「大丈夫です！」で終わってしまう

　「大丈夫」という言葉の裏には、実は次のような意味があります。
- 問題が起きているけど知られたくない
- 何か言うことで、自分の仕事に口出しされたくない
- 本当に、何も問題は起きていない

　単に「何かないか？」と聞くのではなく、「仮説」を立てて聞いてみましょう。たとえば、次のように聞いてみます。

　「製造工程の作業員は最近、残業が増えていませんか？　もし日程が厳しいのであれば、スケジュール組み直しの相談に乗れるかもしれません」

　「品質検査の要員は不足していませんか？　こちらの受入検査と合わせて、合理的なやり方を模索できるかもしれません」

　具体的な話に落とし込むことで、相談できる関係を構築します。

②急用等で打ち合わせを欠席されてしまうことが多い

　本当に緊急事態が起きて、打ち合わせに出られないこともあるかもしれませんが、頻発する場合は、外注先における当社との打ち合

わせの優先順位が低く設定されている可能性があります。なんとなく集まるのではなく、「○○についての打ち合わせなので、△△さんには必ず出てもらいたい」とハッキリと要望を伝えましょう。

③報告が遅い／メールの返信が遅い

報告や返信が遅いのは外注先が悪い、と決めつけるのではなく、その理由を探ってみましょう。行動が遅いことには何か理由があるはずです。

どうすれば決められた期日に報告できるのか、すぐに返信できないときはどうするか、外注先の担当者と話し合っておきましょう。最初にルールを決めておくことで、反応がないことにイライラすることもなくなります。最低限決めておくことは、以下の2つです。

●メールを確認したら、とりあえず「確認した」と返信してもらう
●報告に時間がかかるときは、回答が「いつ頃になる」と連絡してもらう

◎相手の報告やメール返信が遅い理由は？◎

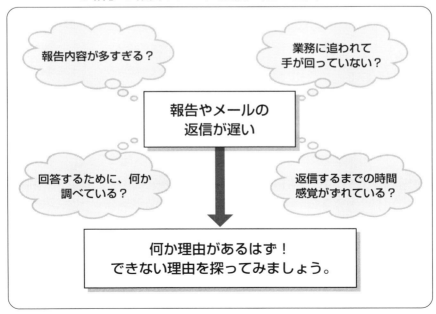

5-3 外注の品質管理のすすめ方

⋯▷ PDCAサイクルを使って品質管理を行なう

　外注先の品質管理レベルは、外注企業によって高かったり低かったり、バラバラです。そこで、バラバラな外注先の品質管理レベルを統一し、品質におけるトラブルを防ぐためには、「**品質管理ガイドライン**」という目標を明確に設定します。

```
Plan：品質管理ガイドラインの策定
   ↓
Do：品質管理ガイドラインに従った現場の視察や
    検査項目の確認、検査実施結果の共有
   ↓
Check：検査項目や検査結果がガイドラインで定
       めた内容と相違していないか確認
   ↓
Action：ガイドラインの要求を満たしていない
        場合、改善策の策定と実施、必要に応
        じてガイドラインの修正
```

⋯▷ 品質管理の具体的なすすめ方

　品質管理のすすめ方のポイントは、以下の3つです。

①**品質管理ガイドラインを設定する**

　外注先に満たしてほしい要求を、あらかじめガイドラインとしてまとめて発注時に提示するようにします。ガイドラインを設けることで、仮に外注先が変わっても、発注元として求める品質レベルを示すことができます。ガイドラインに定めておくべき項目は、以下のとおりです。

- **品質管理体制の構築**…自社の品質管理責任者と担当者、外注先における品質管理責任者と担当者を決めて明示します。
- **責任範囲の明確化**…品質トラブルが起きた際の責任範囲を明確にします。
- **トラブルが起きた際の対応手順**…品質トラブルが起きた際に、誰が誰に何を報告するのか、誰の指示で誰が対応するのかということと、その手順を明確にします。
- **作業現場に求める環境整備**…外注先の作業現場で整えておく作業環境や、禁止事項などを明示します。
- **検査実施内容**…出荷時の検査内容と検査方法を明示します。

②**定期的に現場を視察する**

　メールや電話、担当者同士の会話のやり取りだけでは見えてこない、隠れたリスクなどを確認するためには、実際に現場に赴くことが必要不可欠です。

　一度行けばＯＫというわけではなく、定期的に視察に行くのが効果的です。

　アラ探しをするのではなく、あくまでも作業状況や働く環境を確認することが目的です。現場を見て気づいたことがあれば、外注先と情報を共有し、トラブルのタネを未然に防ぐことも大切です。

③**外注先における検査項目と検査実施結果を共有する**

　外注先が納品前にどのような検査を行ない、結果はどうだったのかを報告してもらいます。検査項目の不足が認められれば、是正をお願いすることで、外注先から納品される前の段階で品質を高めてもらうことが可能になります。

5-4 外注の進捗管理と予算管理のすすめ方

進捗管理の方法

　外注先の**進捗管理**について、発注元の外注管理担当者がやるべきことは、基本的に社内業務の進捗管理と同じです。

　進捗を確認するためには、まずスケジュールを明確にしてもらう必要があります。こちらの発注を受けてから、納品までのスケジュールを日単位で作成してもらいます。次に、大まかな作業項目（大項目）を洗い出します。そして、その大項目をさらに細かい作業に分解し、それぞれの作業に作業担当者を割り振ります。

　外注先との進捗会議では、当初作成したスケジュールと、実際の作業結果の差を確認し、遅れている場合は、何が原因で遅れたのか、いつまでに、どうやって挽回するのか、スケジュール見直しの必要性の有無などを明確にします。

　これらを表にして関係者で共有できるようにしたものが、次ページの「**WBS**」（Work Breakdown Structure）です。これは、プロジェクト管理で使われることが多いフレームワークですが、特別なシステムは必要なく、Excelでも運用することが可能なことから、余分なコストをかけずに導入できます。ガントチャートとセットで運用することが多く、各タスクの進捗状況を確認するのに役立ちます。

　外注先が率先して報告してくれる場合はよいのですが、特にスケジュールが遅れているときなどは、なかなかリアルタイムで報告があがってこないことがあります。その場合は、外注管理担当者がヒアリングを行なう必要が出てきますが、ヒアリングにかける時間が長くなると、管理工数が増えてしまう（＝管理コスト増、つまり外注コストの増加）という影響が出ます。

　5-2項を参考にして、外注先とはなるべく協力的に報告をもら

◎WBSの例◎

大工程	中工程	タスク	担当者	11/1	11/8	11/15	11/22	11/29	12/6
製品A	部品B	仕入れ	A	■					
		切断	B		■				
		曲げ	B			■			
		穴あけ	C				■		
		研磨	C				■		
	部品C（外注）	発注	D	■					
		製造	外注A		■	■			
		検査	外注A				■		
		納品	外注A					■	
	部品BC	BとC組立	E						■

える体制を構築しておきましょう。

⇢WBSのつくり方

　まず表の左から、「大工程」「中工程」「タスク」「担当者」の枠を作成して、それぞれの枠に作業内容と担当者を記載します。

　右半分には、ガントチャートを組み合わせていますが、作業予定をグレーで塗りつぶして表示します。

　上図の例は1週間単位ですが、日単位にしてもかまいません。作業予定を記載する必要があるので、あらかじめ外注先からも作業予定を提出してもらう必要があります。これをExcelで作成し、進捗会議で各タスクについて確認していくというわけです。

　上図では、製品Aを製造するために、部品Bと部品Cの加工、組立が必要となっています。部品Bは、自社で仕入れから加工まで行ない、部品Cは外注しています。外注先から部品Cが納品されなければ、製品Aは完成しないため、期日どおりに納品される必要があります。

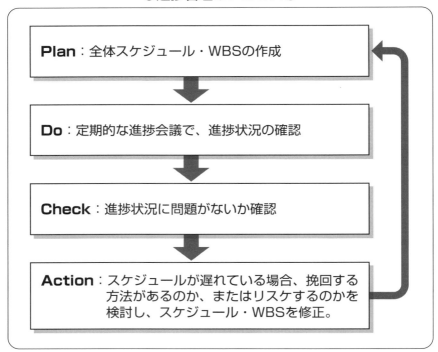

⋯⋯▷ 進捗管理のすすめ方

　作成したWBSをもとに、進捗会議において各タスクの進捗状況を確認します。スケジュールが遅れそう、または遅れている場合には、対応策を協議します。

　仮に、外注工程が遅れていて、「土日出勤で挽回します」という回答があったとします。ここで大切なことは、挽回できるからOKではなく、「なぜ遅れてしまったのか」という原因を必ず分析することです。

　そうすることで、今回起きた問題を考慮に入れて進捗管理を行なえば、次に同じ製品を製造する際には、スケジュールの精度が上がります。

予算管理の方法

5-1項で説明したように、製造コストがあらかじめ設定した製造原価に収まらないと、会社としての利益が確保できなかったり、最悪の場合は赤字になったりしてしまいます。

部品など製品の一部を外注する場合（請負契約）は、発注時には発注金額が決まっており、フタを開けてみるとオーバーしていたということは起こりにくいのですが、工数提供型の契約の場合、予定どおりに作業が終わらず、外注の人件費がどんどん膨らんでしまうことがあります。

そこで、定期的に設定予算との差を確認し、早期に手を打つために**予算管理**が重要になってきます。

予算管理する際には「**予算管理表**」が欠かせません。

◎システム開発の予算管理表の例◎

大工程	中工程	タスク	担当者	人件費実績	予算	差異
システムA	プログラムB	基本設計	A	600,000	700,000	-100,000
		詳細設計	B	600,000	600,000	0
		コーディング	B	400,000	350,000	50,000
		単体テスト	C	200,000	300,000	-100,000
	プログラムC	基本設計	A	600,000	700,000	-100,000
		詳細設計	B	600,000	600,000	0
		コーディング	外注A	300,000	250,000	50,000
		単体テスト	外注A	250,000	200,000	50,000
		結合テスト	D	0	0	0
			合計	3,550,000	3,700,000	-150,000

予算管理表の使い方

　前ページの例に示した予算管理表は、プログラムＢを自社の社員が行ない、プログラムＣのコーディング、単体テストを外注の作業者が行なって、２つのプログラムを結合することでシステムが完成するという作業を想定しています。

　現在の状況は、プログラムＢ、プログラムＣともにコーディングまで終了し、単体テストを行なっている最中です。コーディング工程では、どちらも予算をオーバーしてしまいました。

　そして、単体テストはまだ完了していない状況ですが、プログラムＢは順調に進んでおり、予算内に収まっています。しかし、プログラムＣはすでに予算をオーバーしています。このままでは、テストが終わるまでに、多額に予算を超えてしまうことは明らかであり、早急な対応が必要な状態であるといえます。

　幸いにも、設計工程では予算以下で作業を終えることができているため、全体予算に収まるように、人員を増やして早期に単体テストを終えるようにするとか、作業担当者を変更して収束させるといった対策を取ることができます。

　予算管理をしていないと、すべてが終わってから予算をオーバーしていたということが判明し、場合によっては大赤字を計上してしまうという結果になります。

　予算管理では、作業状況を的確に把握しなければならないため、進捗管理をしっかり行なっておく必要があります。したがって、ＷＢＳのガントチャートの右側に予算・実績・差異を記入して管理することもあります。

　予算管理は、「予実管理」ともいい、常に予算と実績を見ながらプロジェクトを進める一番重要な部分です。問題があるなら、確実に対策を取らないと結果が出ないのは当たり前です。

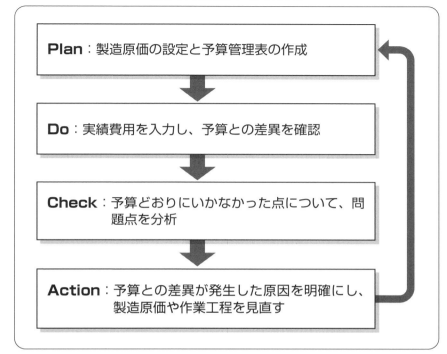

予算管理のすすめ方

まず、進捗会議において作業進捗率を確認します。そして、作業進捗率と、外注費予算に対する支払い済みの外注費の割合を比較します。たとえば4か月で終わる予定の作業に関して、2か月経過したときの進捗会議で進捗率が50％であれば、支払った費用は2か月分なので予定どおりということになりますが、40％しか終わっていない場合は、50％の消化予算に対して40％の作業進捗ということになるので、予算を超過していることになります。

ここでも、予算を超えているからダメ、予算内だからOKとするだけではなく、なぜ予算を超えたのか、どうすれば予算をオーバーしなかったのかを分析し、次に活かすことが大切です。

5-5 外注監査のポイント

コンプライアンス、情報セキュリティはどうなっている？

　外注先のコンプライアンスや情報セキュリティへの対応状況については、どこまで踏み込むか、または踏み込むことができるのかを外注先の企業と協力して検討することが必要になってきます。

　「そこまで言われなくても、ちゃんとやっていますよ」と詳しい内容まで教えてもらえないこともあるでしょう。しかし、詳しく教えてもらえないから、相手任せでよいというわけにはいきません。

　外注先企業のコンプライアンス・ルールがどうなっているのか、情報（機密情報や個人情報）の取扱いはどうなっているのか、可能であれば発注前に把握しておく必要があります。また、発注後もそれが守られているのか、確認が必要になります。

　あまりうるさく言うと、「今後、外注を引き受けてもらえなくなるかもしれない」と考えることもあるでしょう。しかし、発注する側と外注を受ける側が協力することで、よい製品ができるわけですから、些細なことであっても、心配事やトラブルのタネをなくしておくことが、信頼関係の構築につながっていくはずです。

　コンプライアンスと情報セキュリティは、企業存続に関わる問題に発展することもあります。少々乱暴な言い方かもしれませんが、コンプライアンスとセキュリティについて「細かいことにまで口出しするな」と言ってくるような外注企業とは付き合いをやめて、他の外注先を探すのも方法の一つです。

　外注監査は、品質管理ガイドライン（☞109ページ）に沿って作業が行なわれているか確認することに加えて、コンプライアンス・ルールやセキュリティへの対応状況にも目を向けて実施する必要があります。

◎外注監査のPDCA◎

- **Plan**：品質管理ガイドラインに従って、監査項目を決定し、監査表を作成する。コンプライアンスやセキュリティ等、品質管理ガイドラインに記載されていない項目についても監査項目を定める
- **Do**：監査表に従って、現場の監査を実施
- **Check**：監査時に発覚した問題点について、対応策を協議
- **Action**：問題点への対応策が実施されているかどうかを次回の監査項目として盛り込み、監査表を修正

外注監査のすすめ方

外注監査を実施する際に重要なことは、品質管理のところでも触れましたが、アラ探しをしないことです。監査の目的は「外注先が自分自身で気づかないトラブルの芽を摘み取っておくこと」であり、「不備を見つけること」が目的になってはいけません。問題がなければないに越したことはないのです。

そして、改善が必要な項目が見つかった際には、責め立てるのではなく、いつまでにどのように改善するかを明確にしましょう。

5-6 リスク管理の方法

自然災害のリスクにはBCPの策定を

　外注におけるリスクには、さまざまなものがあります。品質や納期に関するリスクは、5-3項や5-4項で示した外注管理方法で軽減することができますが、台風や大規模洪水のような自然災害によるリスクはなかなか予測できません。

　そういった予測しづらいリスクに対応するためには、「BCP」（Business Continuity Planning：**事業継続計画**）を策定しておく必要があります。BCPを策定しておくことで、万が一の事態が起きた際に、企業活動がストップしてしまい、事業継続ができなくなるということを避けることができます。

【BCP策定の例】

　ある商社では、日々の販売データを東京にある本社サーバーに蓄積し、需要予測を行なっていました。データが年々蓄積することで需要予測の精度を向上させてきたため、何らかのトラブルによってデータが失われることは、大きなリスクでした。

　そのため、北海道のデータセンターにコピーデータを保存することで、万が一のリスクに備えることにしました。

外注管理とBCPの策定

　では、外注管理では、どのようなBCPの策定が考えられるでしょうか。まず、災害の発生により、外注先からの部品供給がストップするというリスクが考えられます。この場合、策定するBCPとしては、同等の部材や部品を2か所以上の外注先で製造できるようにしておく、という方法が考えられます。

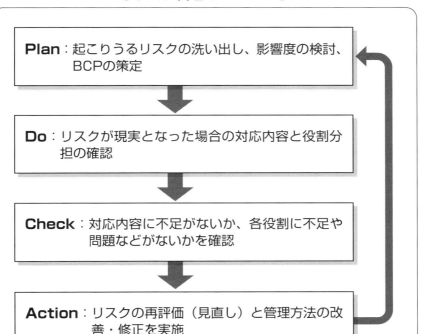

　ここで大事なことは、部品の材料の入手先まで知っておく必要があるということです。別の外注先を確保しても、部品は海外の同じ国から輸入されている場合があります。その場合、部品入手先の国で災害などが起きると、部品供給はやはりストップしてしまいます。
　また、リスクを考慮すると、コストが上がってしまうことがあります。たとえば、Ｂ社の部品はＡ社より高いけど輸入元の国が違うので、万が一の場合に備えてＢ社とも取引をしておこう、といった対応も考えられます。どれだけのコスト増なら許容範囲で、どこまでリスクへの対策をとっておくのかを決めておくことも大切です。
　ＰＤＣＡサイクルにより管理しますが、リスクの洗い出しが最も難しいので、メンバー全員で洗い出すことです。

知っトク！COLUMN

ドラマ「下町ロケット」における外注

　『下町ロケット』という小説がドラマ化されてＴＶ放映されました。このなかで、純国産ロケットエンジンの開発をめざす帝国重工は、ロケットエンジンのキーデバイス完全内製化をめざしました。

　しかし、キーデバイスの一つであるバルブシステムの特許を佃製作所が持っていたために、バルブシステムを内製することができず、佃製作所へ外注（下請け）に出すこととなりました。

　ドラマでは、佃製作所の出荷時に不良品が混入してしまい、実験でエラーが発生し、品質が問われるというシーンがありました。

　ドラマなので、細かいツッコミを入れるのはどうかと思いますが、受入れ側で検品を行なわなかったのかな？　などと思いました。もしかすると、技術力の高い佃製作所が不良品を納めるはずはない、と油断していたのかもしれませんね。

　このドラマのなかでは、帝国重工＝大企業、佃製作所＝中小企業という位置づけです（佃製作所は社員200人、年商100億円なのでかなり大きい規模の中小企業ですが）。

　そして、やはり帝国重工＝「発注してやっている」、佃製作所＝「発注してもらっている」という関係になっており、5章の冒頭でも触れたように、こういう関係はあまりよろしくない状態だと思います。

　プロジェクトの目的は、「純国産ロケットを飛ばすこと」なので、目的達成のためには協力関係を築くことが大切ですね。

　そして、帝国重工は外注管理体制を見直すとともに、威圧的に接するのではなく、協力体制でもって目的達成をめざすと、さらによいモノをつくり出すことができるのではないかと思いました。

　ただし、そうなるとドラマが成り立たなくなってしまいますが…。

# 6章

外注トラブルの事例と
上手な解決策

Outsourcing Control

執筆◎野村 純一

6-1

外注にはどんなトラブルがあるか

外注トラブルのいろいろ

外注の際に発生するトラブルには、大きく分けて次の3つがあります。

①外注先が管理可能のトラブル
品質異常、コスト高、納期遅れ、情報セキュリティ事故、安全管理不備など。

②外注先の事故や自然災害によるトラブル
経営危機、自然災害、政治的要因によるもの、経営者の不慮の事故など。

③海外特有のトラブル
契約不履行、法規制の変更、輸送など

このように、外注トラブルにはさまざまな態様があげられます。なかには、管理し得るトラブル、事前に想定できなかったトラブルなどもありますが、リスク管理の観点からは、なるべく予測を立てておいて、**事前に回避できる、あるいは事後速やかに対応できる体制**を整えておくべきです。

QCDに関するトラブルに要注意

外注先の企業は、人材が不足している場合が多く、カギになる技術者が事故や病気でいなくなったらとたんに困るはずなのですが、多くの企業が備えもなしに業務を続けているのが実態です。

特に、外注管理業務として関心を持つべき「QCD」(品質・コスト・納期)については、以下のような事象として現われるので、日常から十分な注意が必要です。

◎外注トラブルの種類◎

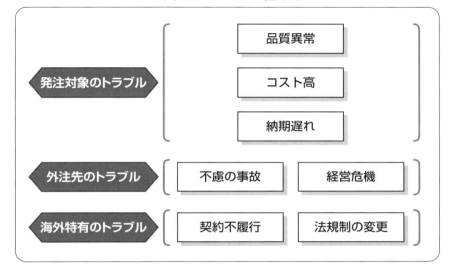

①**納品物の品質が悪い**
- 納品物が受入検査で不合格となった（頻発した）
- 想定した／条件で示したよりも不良率が高い
- 顧客から自社製品の品質についてクレームが入った

②**納品物のコストが高い**
- 想定した／条件で示したよりも見積価格が高い
- 合意した価格を上回る見積りが再提出された
- 要求仕様／条件の変更を理由に値上げ交渉してきた

③**納期に間に合わない**
- 想定した／合意したよりも納入が遅くなった
- 発注条件変更を理由に納期延伸の申し入れがあった
- 納期に間に合わせるには値上げが必要だと主張された

　外注管理の実態としては、個々の企業にそれぞれの課題はありますが、結論からいえば、品質・コスト・納期がうまく管理できていれば他のトラブルも少なくなります。したがって、この章ではそこにフォーカスして解説していきます。

6-2 外注トラブルによってどんな影響があるか

社内にも社外にも影響がある

　外注トラブルが発生すれば、自社の事業や経営に大きな影響が及びます。

　この影響は、以下にあげるように社内と社外の両面で現われるので、影響の程度を考慮して、早期に適切な対応を講じておくことが必要です。

　長い付き合いのある企業に対するリスク管理は甘くなりがちです。適度な緊張感を維持しておきたいものです。

【社内への影響】
- トラブルの解決と再発防止が講じられるまでは、顧客の要請等により自社の生産や営業等の本来業務の中断／停止に追い込まれる
- トラブルの解決策や再発防止策の実行により、業務遂行効率が落ちる
- 原因分析や解決策の実施で人手がかかり、間接業務量が増大する
- 経営者や従業員の気持ちが後ろ向きになり、仕事に対する士気が衰える

【社外への影響】
- 外注の不良品を見逃せば、自社の製品／サービスに欠陥が現われる
- 自社製品／サービスの不具合で、顧客からのクレームを受ける
- 自社製品／サービスの納期に間に合わない／提供できない
- 自社の顧客や社会の信頼を失う（ブランドに傷がつく）

◎外注トラブルの発生による影響◎

社内への影響
- 本来業務の中断・停止
- 業務効率の低下
- 間接コストの増大
- 士気の低下

社外への影響
- 製品欠陥の発生
- 顧客からのクレーム
- 製品納入の遅れ
- 顧客・社会の信用失墜

　一般的に、外注トラブルは、自社内のトラブルと同様なアクション以上の行動は不要ですが、発見が難しくて対策が遅れたり、長引く傾向にあります。

　したがって、外注トラブルによる社外への影響も広がります。ということは、早期発見、早期対策のしくみをつくることが解決のカギとなります。

　このようなトラブルの影響を最小限に抑えて正常な業務に復帰させるとともに、発生したトラブルの経験を活かして再発防止策を講じるとともに、業務改善に努める必要があります。

6-3 外注トラブルにはどんな要因があるか

要因は発注元にも外注先にもある

外注トラブルの要因は、「**発注元の要因**」（内部要因）と「**外注先の要因**」（外部要因）に大別されます。

発注元によるトラブル要因をあげると、次のようになります。
- 外注に関する発注側の理解・認識が統一されていない
- 外注の要求仕様が曖昧である／契約（発注）後の仕様変更が多い
- 外注先の運営管理をおろそかにしている／任せきりになっている
- 外注の経験の蓄積と活用がされず、トラブルが繰り返される

一方、外注先での主なトラブル要因としては、次のようなものがあります。
- 外注先の経営資源（技術・生産・管理）が不足している
- 外注先での運営管理の実施がおろそかになっている
- 外注先での品質・コスト・納期を遵守する意識が希薄である

多くの場合、これらのトラブル要因は複合的であり、発注側・外注先の要因に加えて、次にあげるように、発注側と外注先の相互間にわたることに留意が必要です。
- 外注に関する理解・認識が発注側と外注先で相違している
- 発注側と外注先の間での信頼感が醸成されていない

外注トラブルの原因究明

外注トラブルが発生した場合には、まずは事実関係の把握と原因究明を行ないます。

最初に注意することは、トラブルの現場は混乱していることが多く、情報が錯綜しているということです。そのため、発注側での情報収集・確認と、外注先での情報収集・確認を、ほぼ同時に並行し

◎トラブル原因を究明する際の手順◎

責任担当	対応手順の内容
発注元	発注元での事実・実態の把握と外注先への報告・指示
外注先	外注先での事実・実態の把握と発注元への状況報告
共同チーム	発注元／外注先の情報・認識の突き合わせと差違の分析
発注元／外注先	発注元による外注先への臨時監査の実施（必要な場合）
共同チーム	共同チームによるトラブル原因の明確化と共通認識
発注元	発注元でのトラブル対応会議による原因と対策の総合判断
発注元／外注先	発注元から外注先への総合判断結果の通知・共有

て行ないます。

　次に、発注側と外注先の情報を突き合わせて差違を分析します。

　分析には、QC7つ道具など品質管理ツールなどを駆使して、発注側と外注先の両社が**共同チームとして突き合わせと差違分析**に取り組みます。そうすれば、両社の信頼感の醸成にも役立ちます。

　事実と実態の認識が共有できたうえで、トラブル原因の明確化を行ないますが、ここでも共同チームで実施することにすれば、その後の解決策の実行を円滑に進めることができます。

　発注側では、得られた情報と原因分析をもとに、社内の検討会議等で対応策を検討して実行しますが、結論については理由とともに外注先と共有することにより有効な対応策となります。

6-4

なぜ品質異常が発生するのか

頻発する品質問題

最近のニュースでたびたび取り上げられているように、製造業での品質問題が多発しています。それも次のように有名な大企業ばかりです。
- 自動車大手企業での完成検査の不正
- 素材メーカーで品質データの改ざん
- 大手建設会社での施工不良とデータ流用

これらのケースでは、純粋な品質異常の域を越えて、品質にかかる意図的な不正や隠蔽工作の問題になっています。

◎製造業で頻発する品質問題◎

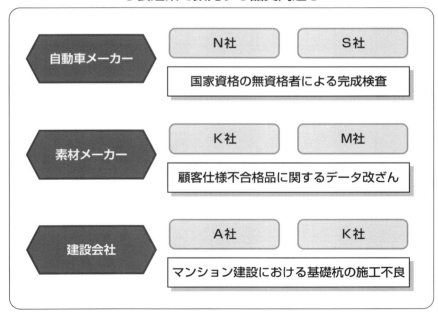

これらの事例は、中小企業でも参考となるのは確かですが、本書では、より一般的な通常業務プロセスにおける品質異常の事例について説明していきます。

品質異常が発生する要因

発注側内部の要因としては、「外注先に対する品質管理の不徹底」「無理な要求仕様」「無理な納期設定」「外注先への指導不足」があげられます。

たとえば、要求仕様の変更や納期設定に無理があると、外注先は「要求仕様を満たすほどには、手間をかけて丁寧につくり込まないで、納期どおりの納品を優先する」といった対応をすることがあります。

次に、外注先の要因としては、「品質管理体制の未整備（品質意識の低さ）」「利益偏重の企業風土」「能力を超える生産」などがあります（次ページの図を参照）。

特に、外注先内部での品質管理が不足していると、当然に納品物の品質に大きな影響が出ます。

一般に、外注先は納品に先立って社内検査を行ない、不良品の排除を行なうとともに不良率が大きい場合には、生産プロセスに問題がないかをチェックして適切な対処をします。

外注先でこのような管理を怠っている場合（または品質管理体制が不十分な場合）には、納品されるまで品質異常が見過ごされてしまうのです。

品質問題発生への対応策

こうした品質管理の不徹底や品質管理体制の未整備への対応では、「**５Ｓの活用**」と「**品質マネジメントシステム**」が役立ちます。

品質マネジメントシステムとは、品質の観点から組織的な業務のしくみを整備することで、ＩＳＯの認証を受けること以前に、考え方の基礎となる「７つの原則」（131ページの図を参照）に従った取

組みを実施することが重要です。

特に、「リーダーシップの発揮」が重視されます。

品質管理の問題でも、経営トップが率先して関与している企業と、そうでない企業の業績に与える影響が違うのは、最近の不祥事を見ても明白です。

経営者は、品質にコミットすることで、品質管理体制の整備や利益偏重等の企業風土の改革などを強力に推進する原動力となります。また、品質改善への人々の積極的参加および組織間の協力関係が徹底してくれば、従業員全員の意識も向上してきます。

次に、「5Sの活用」は、日常業務の継続的なレベルアップであり、現場業務の改善の出発点になります。

ちなみに、5Sとは、製造業等の現場改善に取り組む活動で「整

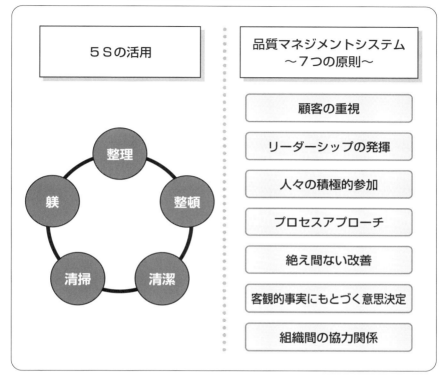

◎品質異常への対応策の例示◎

理」「整頓」「清潔」「清掃」「躾（しつけ）」の５つの頭文字を表わしています。

　５Ｓは、一般的・基本的な取組みであるため、品質問題への直接的効果は感じられないかもしれませんが、実は非常に有効です。それは、業務実施の環境を徹底的に整備することで、「誰がやっても適切なレベルで仕事が実行される」ということが担保されるからです。

　品質異常は、「なすべきレベルで仕事がされないことがある」「誰がやるかで仕事の仕上がりが異なってしまう」などが原因で発生しますが、５Ｓを日常業務で徹底することで仕事の品質のバラツキをなくし、５Ｓを習慣づけることで品質を高く保つことができます。

製造業の品質異常に関する事例と対応策

製造業の品質異常に関する事例と、それを解決していった対応策のプロセスを見ていきましょう。

【事例】
- 発注者：A社（電子機器製造業）
- 外注先：X社（電子部品製造業）
- 業　務：特注コネクター類の製造

A社からの要求仕様・要求条件では、「寸法に対する許容誤差は±0.1％とし、10,000個を製造・納品する」「品質基準は、納品物の不良品率0.1％以内」となっており、外注先の技術能力・生産能力に問題はなく、外注先はこの条件で合意していました。コスト面では、「外注先からの見積りをもとにした発注金額」であり、問題はありませんでした。納期は「発注後6週間以内」としており、外注先の能力からみて無理はないと考えられていました。

こうしたなかで、納品時の受入検査で不良品が3％出るという品質異常が発見されました。

【問題解決のすすめ方】
この事例では、「要求仕様」「発注価格」「納期」に問題がないとしているため、外注先の内部に品質異常の原因があると考えられますが、偏見をもたずに、標準的な対応手順に従って原因究明と解決策の実施をすすめました。

具体的な実態把握のなかで、次のように事実関係が判明しました。
- 発注側の生産部門からは「外注先の実務レベルから『受注業務が立て込んで忙しすぎる』との情報が入っていた」と報告があった。
- 外注先の営業部門からは「社内検査（サンプルチェック）では基準内であった。生産体制にも問題はなかった」との報告があった。
- 両者の報告を突き合わせて情報・認識に相違があったため、外注

先に対して臨時監査を実施した。
- 外注先の実務者に対するヒアリングで「実際には3週目と4週目は他社からの受注案件で業務繁忙であり、当案件の納入には無理があった」ことが判明した。
- 外注先の社内検査は、サンプルチェックで1週目のみ行なわれていた。
- 外注先の社長に対するヒアリングで「業務繁忙の影響を懸念する声がトップに届いていなかった」ことが判明した。

最終的に判明したトラブルの真の原因は「外注先におけるコミュニケーション不足」でしたが、発注側としても外注先の「納期は大丈夫」との言を真に受けた面がありました。

【反省事項と今後の対応策】
再発防止と根本原因の解決については、「予兆の早期発見」「生産実態による品質・納期への影響の把握」「品質管理体制の強化」「企業風土の改革」に取り組むこととしました。

しかしこの事例は、外注先の品質管理体制を許可した発注側にも問題があります。外注先は、契約にもとづく業務を誠実に行なっていれば、彼らには責任を問えない可能性があります。

これらの反省を踏まえ、次のような対策を講じることとしました。
- 発注側と外注先の双方で報連相（報告・連絡・相談）を徹底改善し、品質異常や納期遅れの危険性を事前に察知する。
- 外注先では、生産管理部門が受注案件ごとの管理のみならず、繁忙等で影響を及ぼす可能性のある複数の案件の影響も検討し、社内調整を図る。
- 外注先の社内検査を担当する品質管理部門の業務プロセスを見直す。
- 外注先は、経営者自身が社内コミュニケーションの改革に取り組むこととし、「上下左右で自由にモノが言える風通しのよい企業風土」をめざす。

6-5 なぜコストは下がらないのか

コストが下がらない要因は？

コストが下がらない内部要因としては、「見積りの評価が適正でない」「要求仕様／条件や納期の設定に無理がある」「外注先が寡占状態で競争原理が働かない」などが考えられます。

一般に、見積りの評価が適正でない場合には、価格（コスト）が高くなります。外注先からの見積りは、発注側の積算と比較することで適正さを確認できますし、相見積りを取って比較することも有効です。

不明確な要求仕様／仕様変更は、往々にしてコスト面への悪影響が発生します。要求仕様が変更されると、外注先のコスト構造と差異が出ることや生産面での手戻りのため、外注先のコストが上昇することになります。

無理な納期設定では、外注先は安易な再外注先の利用など適正なレベルを超えてリソースを確保しようとし、追加分はコストに上乗せされます。

外注先が1社または少数で寡占状態の場合は、外注先の選択肢が限られるため、競争原理が働かないことになります。この場合は、発注側の交渉力が発揮できずに、価格が外注先の言い分に左右される危険があります。

一方、コストが下がらない外部要因としては、外注先のコスト意識が乏しい場合、外注先のコスト管理や改善活動が不足している場合、外注先が調達する部品・材料が高騰する場合、などがあります。

契約で納品物の価格を定めている発注者の観点からは、外注先のコスト低減は基本的に外注先自体の責任ですが、発注者も協業パートナーとして一緒に取り組むことが適切です。

◎コスト高となる要因◎

製造業のコスト高に関する事例と対応策

　製造業のコスト高に関する事例とそれを解決していった対応策のプロセスを見ていきましょう。

【事例】
- 発注者：B社（精密機械製造業）
- 受注者：Y社（センサー製造業）

　発注側B社の特注部品であるセンサーの製造には、Y社だけの独自技術ではないものの、業界でも数少ない会社だけが保有する技術が必要であり、B社は外注先として1社のみを確保していました。

　発注側は、自社製品の売上拡大に伴い、当該特注部品の調達量も増大することから、コストの抑制を図る必要を感じました。

　そこでY社に、発注量の増加を示唆しながら価格交渉を持ちかけ

◎コスト低減の実務的施策◎

見積りと積算	●外注先からの見積りと社内の積算を比較・査定する ●類似品が市場にあれば相場価格とも比較する
相見積り	●2社以上の外注先からの見積りを比較検討する ●社内の積算とも比較・査定する
インセンティブ	●コスト低減に資する業務改善の提案を受ける ●コスト低減効果に応じて取引シェアを引き上げる
共同チーム	●外注先との共同チームでコスト低減を図る ●発注元／外注先の優良な施策を相互に取り込む

ましたが、材料費や人件費の高騰等を理由になかなか応じてもらえない状況が続きました。

【問題解決のすすめ方】

　コスト高を招いている要因は、外注先を1社に依存している取引構造にあります。こうした場合にコストを削減するには、外注先が複数ある状態に持ち込んで、外注先同士で競争させることが効果的です。

　そこでまず、新規の外注先の開拓に取りかかりました。

　他にも当該特注部品を製造可能な会社はありましたが、取引実績がなく、新規外注先としての検討は未実施でした。そのため、特注品を製造できる能力を持つと考えられる潜在外注先を複数リストアップし、要求仕様を示したうえで提案を求めました。

そして、候補企業からの提案を評価して、最も優れた評価の企業を新規外注先として決定しました。新規外注先とは、契約を締結したうえで、試験的な発注と納入を行ない、機能・性能の確認、品質・コスト・納期の評価に入ることとしました。

【反省事項と今後の対応策】
　B社は、新規外注先との契約を行なうとともに、長く取引があり、信頼できる既存外注先のY社との契約と取引も継続しました。これは、複数の外注先を確保することで、当該部品の安定的な供給に資するためです。
　今後は、相見積りの実施と発注量のコントロールを通じて外注先を競争させ、コスト低減の取組みを進めていくこととしています。

　この事例に限らず、コスト管理の難しさは外注だけではなく自社製作の場合でも難しいはずです。
　外注管理で確認するべき重要なポイントは、次の5つです。

①組織によるコスト管理体制の構築
②購買管理（設計も巻き込んだコスト管理）
③業務のやり方
④人材の活用
⑤自動化・IT化

　①の組織的動きによって、絶え間なく努力を続けなければなりません。しかし、日本企業は手あたり次第に取り組む「力づくコストダウン」は得意ですが、戦略的な取組みにならないケースがよく発生します。
　思い切った改善は、時間も労力もかかりますから、余計に作戦を立てることが重要になるということです。

6-6 なぜ納期遅れは発生するのか

納期遅れへの対応措置は？

納期遅れへの対応措置は、「進捗管理（確認）」と「納期遅れ発生時の措置」がキーポイントになります。特に、**適切な時期における進捗確認**は、「遅れの早期発見」「納期調整対策の時間的余裕」の観点から大切です。早く発見すればするほど、調整・対策の選択肢が増えて、実行可能性も高くなるからです。

納期遅れ発生時の措置については、下図のような手順ですすめ、再発防止策の策定が重要です。

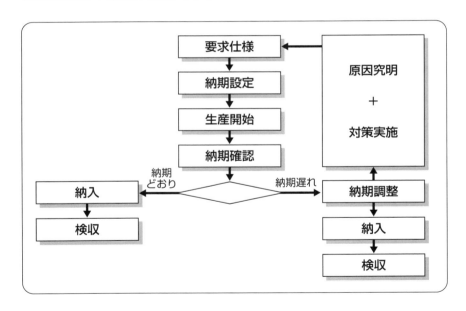

納期遅れが発生する要因

納期遅れが発生する要因としては、要求仕様の追加や変更、進捗

管理の不適切さ（問題把握と対処の遅れ）、外注先の力量やリソースの不足などが考えられます。

納期遅れを防止するには、適切な進捗管理が欠かせません。外注先の生産工程では、日頃から大小さまざまな問題が発生します。こうした問題点は、的確かつ迅速に把握して、発注側と外注先で認識を共有することが肝要です。

情報を共有することは、問題の原因を探り、対策を講じることができるので有効な手段です。

なお、**仕様変更**は納期遅れの引き金になることがよく起こります。外注先では、発注側から示された要求にもとづいて設計や製造の工程を段取りするので、ある時期までは仕様変更にも柔軟に対処できますが、限度を超えると機能不全に陥ってしまいます。何事も急激な変更は、いい結果にはなりません。

外注先は十分な力量を持ち、発注に対応できるリソースを確保しているとの前提になっていますが、時には不十分となる場合があります。外注先の業界の人手不足の状況によっては、人的リソースが不足することもあります。つまり、外注先のリソースが不足すれば、その影響で納期遅れが発生するわけです。

サービス業の納期遅れに関する事例と対応策

納期遅れについては、製造業・建設業・サービス業など、さまざまな業種の外注でトラブルとなっています。

納期遅れの程度についても、「納入期限に数日（数週間）間に合わなかった」「納入期限から数か月（１年程度）遅れた」というように大きく幅が出ています。

特に、ＩＴシステム開発では、「最終的に当初計画の開発を断念した」ことまで起こっています。

ここでは著名な事例として、「大幅な納期遅れの結果として開発の断念に発展した事例」を取り上げてみましょう。

◎納期遅れの要因と対策の例示◎

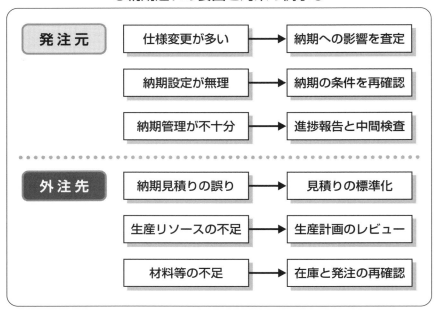

【事例】
- 発注者：C社（医科大学）
- 受注者：Z社（IT開発ベンダー）
- 業　務：病院情報管理システム（電子カルテ導入等）
- 納　期：2008年8月～2009年9月（当初）～2010年1月（最終）
- 結　末：最終合意した納期を守れずに発注側は契約を解除

【納期遅れの要因】

　本事例は、訴訟になった案件ですが、ここでは納期遅れの観点から「そもそも納期遅れが生じたことの原因」を考えてみます。

　トラブル（納期遅れ）になった主原因は、「発注者が非常に多数の要求仕様の変更を行なったこと」です。プロジェクト開始後に、C社のシステムの利用者（医師）から実に1,000件近い追加要件が出されて、Z社は600件を超える追加を受け入れたうえで仕様を凍

結して、納期延伸も合意しました。

しかし、仕様凍結後にも200件近い要望が追加され、大半は受け入れたものの延伸後の納期までには完成が間に合わなかったのです。

トラブルの結果から原因を、「なぜ・なぜ・なぜ…」と繰り返して探求していくと、「発注仕様が不十分」「多数の仕様変更が取捨選択されずに外注先が抱えてしまった」「発注側のプロジェクト体制と責任が不明確」「発注側と外注先の信頼が醸成されていない」という4つの点が根本原因だったとされました。

この原因分析も不思議ですが、でもよくあるケースです。

【納期遅れの対応策と教訓】

原因分析を踏まえて、どのように納期遅れを防ぐかの対応策を考え、「最初に発注した仕様を変更しないことにつきる」ということで、対応策は以下のようになりました。

- 当初の要求仕様の決定でシステム部門とシステム利用者（医師）の間で情報を共有しておく。
- 仕様変更は発注者のプロジェクト責任者が取捨選択する。
- 発注側のプロジェクト責任は、経営責任者の関与も含め明確にする。
- 発注者と外注先は協業するパートナーという意識・信頼を醸成する。

本事例の場合には、受注側の力量不足を感じますが、外注管理の観点に立てば、受注者側は弱い立場にあるケースもあります。発注側の注意で問題を防げる可能性があるわけです。

本事例では、外注先の技術を信頼して「丸投げ」しているように感じます。丸投げにならないようにするには、プロジェクト管理の専門家を活用するのが有効です。

プロジェクト管理の専門家を雇用する習慣は、日本ではあまりみられませんが、大きな計画の場合には、専任化しても費用対効果は十分にあるはずです。

6-7 外注トラブルは防げるのか

品質異常、コスト高、納期遅れ以外のトラブル

　主な外注トラブルとして、品質異常、コスト高、納期遅れを取り上げてきましたが、それ以外にも**情報セキュリティ事故**や**外注先の経営危機、海外への外注に伴う**トラブルもあります。

　外注トラブルを防ぐという観点からは、これらのトラブルの防止についても対応しておく必要があります。

　このようなトラブルが発生したときに発注側は、よく原因と対策を検討して報告するように外注先に求めます。

　しかし外注先には、発注側の要求を実行するだけの体制ができていないのに、このような要求を出している事例がよく見受けられます。

　トラブルの原因究明には、高度なスキルが必要ですし、ふだんから現場を熟知している社員が対応することが望ましいのです。

　企業内の人材不足を理由に対応できない、とすることがあるようですが、これは人材の数の問題ではなく「質」の問題です。

　発注側も協力して、研修や講習を日ごろから行なっておくことです。結果的に、外注先にトラブルが生じないような体質をつくることになるはずです。

情報セキュリティ事故の要因と対策

　情報セキュリティ事故は、さまざまな要因で発生します。大きく分けて、「情報の漏えい」と「秘密情報の開示」が要因となりますが、前者は業務運営上の問題、後者は契約上の問題、が主な観点になります。

　情報の漏えいとしては、「書類／USB／端末の紛失や情報の意

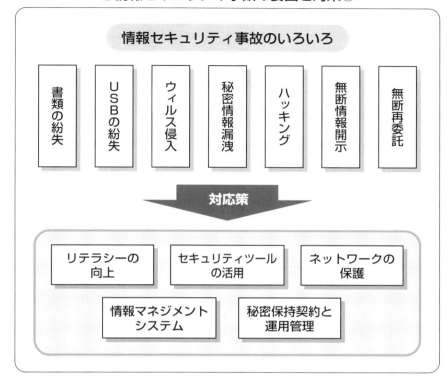

図的漏えい」「外部からのネットワークへの侵入や攻撃による情報流出」などが典型的な例です。

秘密情報の開示では、「秘密情報を事前の許可なく第三者に開示」「契約上で禁止されている外注の再委託」などがあります。

このような情報セキュリティ事故を防ぐ対策としては、「外注先の情報セキュリティ意識とコンピュータ・リテラシーの向上」「セキュリティツールの活用」「外注先ネットワークの保護強化」「秘密保持契約の締結」などがあります。

情報セキュリティ問題の防止策は、IT技術の進化に伴い年々複雑になっています。社員の意識、企業の体制、技術力の面で組織的に絶え間なく改良をしていかなければならない問題です。

◎外注先の経営危機の兆候と発注元の対策◎

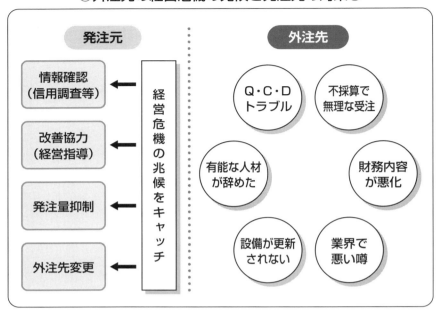

⋯⋯▶ 外注先の経営危機の要因と対策

　外注先の経営が思わしくない（経営危機である）ということは、外部から知ることは難しいですが、自社の供給能力の一部を担う外注先が倒産するなどとなれば、発注側として大きな懸念事項となります。

　外注先の経営がよくない場合には、何らかの兆候が現われるので、それらを見逃さずに対策を講じておくことが肝心です。

　たとえば、外注先で「QCDのトラブルが頻発する」「設備の更新がされていない」「有能な人材が相次いで辞めた」「業界で悪い噂が立っている」などは、経営危機の兆候とみなせるかもしれません。

　そうした兆候から危険性が高いとわかったら、「信用調査を行なう」「発注量を徐々に減少する」「外注先を変更する」などの手段で対応します。

◎外注トラブルを防止するサイクル◎

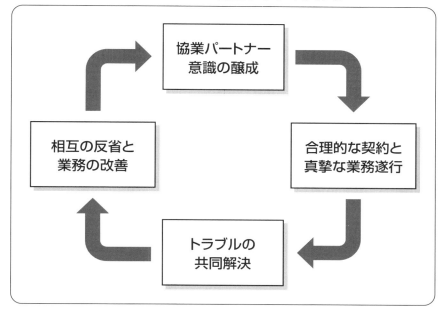

外注トラブル防止の要諦

　外注トラブルには、さまざまな態様と原因があり、すべてのトラブルに有効な対策・手段はありません。

　どんなときでも「発注側と外注先は協業するパートナーだ」ということを肝に銘じて、原因究明と問題解決に取り組むこと、そして、日常の業務を真摯に行ない、相互に反省と改善をやり続けることが大切なのです。

　上図の外注トラブルを防止するサイクルを参考に、再発しないような対策を実行するようにしてください。

知っトク！
COLUMN

外注トラブルに関する訴訟からの教訓

【訴訟の経緯】

　原告（C社）は、「納期にシステム完成と引渡しがなく、債務不履行による19億円の損害賠償を請求する」と主張し、被告（Z社）は「納期遅れには責任がなく、報酬請求権にもとづく22億円の支払いを請求する」と主張しました。

　一審判決では「プロジェクト破綻の責任は原告（C社）が20％、被告（Z社）が80％である」としましたが、二審判決では「プロジェクト破綻の責任は原告（C社）が100％、被告（Z社）が０％となる」と判断されて、原告に14億円の支払命令がありました。

　最終的に最高裁では「二審判決を支持、控訴は棄却」となり、二審判決が確定しました。

【訴訟判断のポイント】

　この訴訟の判決として「発注側に全責任がある」とした理由に、注目したいと思います。専門家であるIT開発ベンダーには「プロジェクト管理義務」がある一方で、専門家でない発注側にも「協力義務」があるということで、それぞれの義務をどれだけ果たしたかという観点から判断されたということです。

　そして、「要求仕様は発注側の責任」と単純に考えるのではなく、どこまで要求できるのかは、外注先の「プロジェクト管理義務」の範囲であり、発注側は外注先に「これ以上は無理だ」と言われたときに、「協力義務」にもとづき解決を図る必要があるということです。

【判例による教訓】

　発注側と外注先の責任について、新たな考え方が示されています。仕様について発注側が全責任を負うのでもなく、専門家と目される外注先だけが責任を負うのでもなく、発注側と外注先がそれぞれ負う義務と専門性等の実態を考慮したうえで、それぞれの責任が判断されることに留意しましょう。

7章

海外の外注先企業とのつきあい方

Outsourcing Control

執筆◎神谷 俊彦

7-1 海外企業に外注するときに成功するポイント

海外企業への外注はなぜ成功しないのか

「**海外外注**」(海外企業への外注)に課題を抱えている企業は多くあります。

ある調査会社の情報によると、いったんは海外企業に発注していたが、その後、契約を打ち切ったり他の海外企業に変更したりした経験がある企業は全体の3分の1に及ぶといわれています。

さらに、現在も継続しているが当初の目標(品質やコストなど)には至っていないという企業も含めると、約半数の企業が海外外注は成功していないと考えているようです。

それらの主な理由をみると、**管理が困難**であったことをあげる企業が多いようです。そこでこの章では、管理が困難である原因や対策について、以下の観点にそって成功するポイントを探ってみたいと思います。

①外注化企業を決定するプロセスの観点
②海外事情の対応への観点
③外注企業の選定について
④品質管理にみる外注管理の課題
⑤リスク管理の観点

海外企業を決定する際に十分に検討したか

「**管理**」には、基本的に「目標設定→目標達成の方法決定→実行→評価→目標(あるいは目標実現方法)再設定」というサイクルが存在します。

「**PDCA**」(Plan – Do – Check – Action)の場合によくいわれるのは、CとAをうまく回せないのが日本企業全般にいえる特徴で

◎海外外注のすすめ方◎

	実施内容	留意点
①海外外注の探索開始	経営陣の指示	時間的制約・危機感でスタート
②外注候補先のリストアップ	調査して詳細を確認するのは3社程度に絞り込む	できれば3か国から6社程度を候補にあげてから調査の優先順位を決める
③現地調査開始（試作品発注など）	経営陣の合意をとる	調査項目を明記（内容は本章で解説）
④提案内容のまとめ	調査結果をもとに候補先の比較表を作成	データ重視の姿勢
⑤事業戦略として外注先企業の決定	取締役会などで正式に決定	徹底した議論のうえ議事録を残す。リスク管理なども明記
⑥外注契約の締結	事実上の発注	契約条項を吟味し、法律的なチェックを実施
⑦事業開始	自社内の体制確立	管理方法や役割分担、事業推進に必要な業務内容を明記

あるとの指摘です。Cがうまく回せない原因は、日本企業が海外を相手にするときに、情報が少ないなかで結論を出してしまう、あるいは結論を急いでしまうことにあるようです。

問題だとはわかっていても、解決策がそうたくさんは思い浮かばないし、だからといって撤退することも決断できないので、少ない選択肢で担当者に頑張ってもらうという結論に至るのです。

データ（情報）を十分に持ち、複数のメンバーで議論を戦わせるという当たり前のことができないのが、海外外注のもつ危険性であると考えなければなりません。

7-2 海外企業を決定するときのプロセス

いつの間にか外注する海外企業が決まっている!?

　前項で外注化を進めるプロセスについて確認しましたが、そのプロセス自体は海外企業だからといっても国内企業に外注する場合と違いはありません。

　しかし、海外企業とトラブルになった事例を分析してみると、前項でも触れたように、日本企業を調べるよりも少ない情報で決断を下している傾向が見えます。海外外注を行なうために調査して、品質・納期など基本事項が満たされてしまうと、いつの間にか**結論ありきのムード**に変わってしまい、取締役会でも反対されることなくゴーサインが出てしまうのです。

　とにかく、いつどこでどのような判断で結論に至ったのかがわかりません。日本の企業に外注する場合には、多くの書類作成があり、候補企業の実績も徹底的に検討できているのに、海外相手では情報が少なくてもしかたがないと、考えてしまうのかもしれません。

　コスト削減や業容拡大のための課題解決を急ぐため、焦りや思い込みが判断の目を曇らせる要因となっているようです。

どんな観点から海外企業を決めたらよいのか

　一般的に海外企業に発注をする場合には、次ページ表にあげた観点について確認します。

　もちろん、それ以前に、国内外注の可能性の追求と、海外拠点を設立するという選択肢と比較したうえで、海外企業に外注するステップを踏むことが前提です。

　この章を読み進めていくと、海外外注を成功させるには多くの労力を必要とすることが理解できます。国内企業へ外注する場合と比

◎海外外注を選択するための調査確認事項◎

	調査内容	海外外注	海外拠点
ビジネス環境	基本的なビジネス環境を確認する（確認すべき事項について次項で詳述）	○	○
外資に関する規制	資金の流通に関して、国として投資を奨励しているか否か、税金や優遇制度の有無など	△	○
外国人就業規制	拠点設立時には当然必要だが、長期滞在や短期出張における規制についても確認が必要	△	○
技術・工業および知的財産権	自社ノウハウや知的財産権の扱いについて海外相手の場合にはチェックが必要	○	○
外国企業の会社設立手続き	拠点設立には必須だが、海外企業とつきあうときには知っておいて損はない	×	○
インフラ事情／生活事情	上記のビジネス環境と重複するが、この事項は優先度が高い。特に、輸送に関する部分はリスク管理上も重要	○	○

較して、よほどのメリットがないかぎり踏み切れない選択肢であると考えていたほうがよいかもしれません。

　海外の外注先を選定する場合は、課題解決のために企業内部での対応策を検討し、国内外注や海外外注などいくつかの選択肢を比較したうえで判断しましょう。

　選択する際の確認事項について、海外外注と海外拠点設立の場合を比較したものが上表です。

7-3 海外事情を理解しておこう

　海外外注に限らず海外事業を進めるうえで、当地のビジネス環境を理解することなく契約することはないはずです。しかし、想定以上のトラブルに遭遇する事例は少なくありません。そこで、未然にトラブルを防止するための事前調査について、代表的な2つの方法をヒントとしてあげておきましょう。

・・・▶ PEST分析

　「PEST分析」とは、アメリカの経営学者コトラー教授が考案した、海外進出を行なう際にも使えるフレームワークのことで、PESTとは、「Politics」（政治）、「Economy」（経済）、「Society」（社会）、「Technology」（技術）の4つの頭文字を取ったものです。

　近年、活用されることが増えてきましたが、一例をあげておくと、下図のとおりです。

◎PEST分析の具体例◎

Politics（政治） 政治的な動向とビジネスに関連する法律・規制事項を分析。たとえば、事業に関係する組織や法規制など	**Society（社会）** 人口構成、習慣、流行、価値観など社会全般の生活関連情報を分析。たとえば、事業に関係する顧客層像など
Economy（経済） 経済の動き、景気動向、主力産業に加え、為替政策や通貨の動き、個人消費などを分析	**Technology（技術）** 技術関連の官公庁情報を分析。たとえば、得意分野や主要技術、その事業分野での特徴・知的財産など

ＰＥＳＴ分析は、図に示したように、事業に大きな影響を与える４つの象限を確認することで、その国の「**マクロ環境**」**を網羅的に分析**します。研究内容は細分化されており、本格的に使うためには時間と費用が必要です。

　さらにいえば、コンサルタントを使って概略の知識を獲得したうえで、プロジェクト関係者全員でこの分析を行なうこと、また２つ以上の国を分析・対比してみると、候補先企業の国を理解するのに大いに役立ちます。自社のマンパワー内で簡易的に行なうことでも、十分に効果があります。

ビジネス環境ランキング

　世界銀行が毎年公表している、ビジネスのしやすさを順位づけしている報告書「ドゥイング・ビジネス・レポート」（Doing Business 2019）も事前調査の参考になります。

　これは、ビジネスで必要な手続き10項目（事業設立、資金調達、貿易など）を数値化してランク表にしたものです。2019年版の第１位はニュージーランドで、シンガポールや北欧の国などが常時上位にランキングされています。ちなみに、日本は39位でした。

　契約時にこの10項目を確認することで、無用なリスクを回避することができますし、契約後もこれらのデータを定期的に確認して常に環境をチェックしておくことが、海外ビジネスを長続きさせるカギになります。

　インターネットで検索してみるとわかりますが、ほかにもさまざまな分析方法や手法が公表されています。しかし、国全体のマクロ環境と、契約したい分野の業界環境の２つに絞って、Ａ４判１枚程度にまとめることでも十分に有効です。

　これを関係者全員でまとめる過程で、すでに多くの知見が生まれてくるはずです。

7-4

成功する海外企業の選び方

4つのデータをもとに決定する

　海外に外注するときには、適切な企業と契約しなければなりません。7-2項でマクロ的な見方は確認できるはずですから、それをもとに個別の企業を探して契約するわけです。

　外注に関するトラブルの多くは、契約時点ですでにトラブルの可能性を秘めている傾向があります。そこで、契約前に外注先の海外企業を見分ける力が、成功するか否かのカギになります。海外に進出する企業のほとんどが、口コミや経験をもとに決めていますが、そのような場合でも外注先を決定する以前に、候補企業のデータ・調査をもとにして確認をするのは当然のことです。

　調査項目としてのデータは、「①経営力、②技術力、③実績・評判、④信用調査」の4つのカテゴリーで分類します。選定プロセスにおいての日本と海外では、このカテゴリーに違いはありません。見分ける方法と考え方も変わることはありません。

　しかし一般的には、海外外注の選び方は雑になってしまう傾向があります。というのは、ビジネスの環境・商慣習・言語などがあまりにも日本と異なるので、国内では想像できないチェック項目が漏れてしまうことがあるからです。

　たとえば、③の「評判」についての確認は、もともと定量的に評価するのは難しいので、チェックがおざなりになります。しかし、経営データが日本に比べて充実していない海外では、地元での評価や関係会社の評判はかなり重要な指標になります。

　そこで、地元の公的機関や知見のある人からアドバイスを受けて、念入りに評価を行なうことが有効なやり方となります。もちろん、海外のインターネット情報を翻訳して集めておくことも必要です。

◎海外企業の評価方法◎

調査項目	内　容	留意点・補足
①経営力	●売上・利益等の財務状態 ●経営者、役員の経歴 ●組織や従業員満足度 ●経営理念、行動指針 ●企業の歴史	左記のなかでも、経営者の資質については企業の将来も暗示するため重視すること
②技術力	●技術推進体制 ●技術者の数と資格など ●技術に関する発表、論文 ●特許などの知的財産	技術者の数のほか、入社者数や退職状況、定着率も確認
③実績・評判	●主要顧客と満足度 ●ステークホルダー ●製品・サービスの実績 ●地元などの評判	顧客満足度や評判について見ておきたいのは、本文で説明したとおり
④信用調査	●財務内容 ●取引金融機関・資金調達 ●関係者のインタビュー ●不祥事などの問題事項	簡単な調査であれば1社3万円程度で、日本でも調査可能

（※）上表は企業調査としてはかなりシンプルであり、簡易的に使う内容です。お金をかけて、さらに専門家に調査を依頼することが望ましいでしょう。

　ビジネス環境は刻々と変わるので、項目自体も吟味して選定し、評価は複数のメンバーで行なわなければなりません。適切なコンサルタントを活用することも有効でしょう。
　地元で評価を得ている会社は、外注契約をする場合に好条件を引き出すことは難しく、交渉は楽ではありません。
　データをよく確認して、本当に取引したいところかしっかりと見極めて、粘り強く交渉してスタートすることが、後々のトラブルを避ける早道です。

7-5 サプライチェーンの構築

サプライチェーン、SCMとは

「**サプライチェーン**」とは、製品の全体的な流れのことで、部品調達や製造、販売などの工程が鎖としてつながっている、という意味です。サプライチェーンを管理することを「**サプライチェーン・マネジメント**」(Supply Chain Management = SCM) といいます。

海外の外注先と契約するということは、サプライチェーンを構築するということです。そこで、海外企業を含めてつくる場合には、日本企業だけでつくる場合と、どこに差が現われるのかを把握しておくことが重要です。ポイントは次の2つです。
①SCの全体像を常に観察できるかどうか？
②外注先とのインターフェイスが明確になっているか？

海外企業が工程に含まれていても、**情報伝達が最重要課題**であることはいうまでもありません。サプライチェーンが構築できれば、あいまいな約束であっても、担当者の超人的な奮闘と阿吽(あうん)の呼吸で多くの問題がカバーできます。超人的な奮闘とは、しくみで仕事を流すのではなく、属人的関係で問題を解決していくやり方です。

しかし、海外外注の場合、相手が日本慣れした会社であっても、相互の情報交換量は少なくなります。海外の外注先に情報提供を求めるのは簡単ではなく、ITで全体を見渡す「**SCMオンラインボード**」を構築して、オンラインでお互いに全貌を把握できるしくみをつくることが最良のやり方です。

バリューチェーンの考え方と情報伝達

SCMオンラインボードを構築してみると、外注先との接点の重要さが理解できます。海外外注でトラブルが起こる根本原因をたど

◎SCMと外注化◎

原材料・部品調達	製造	在庫管理	販売	配送
○	◎	▲	△	○

どの工程でも全部あるいは部分的に外注化する可能性はあるが、海外外注の場合は、部品調達から製造部分を委託するケースが多い（◎→○→△→▲の順に事例が少なくなっていく）。

◎バリューチェーンを図で示すと◎

	全般管理
支援活動	人的支援管理
	技術開発
	調達

| 主活動 | 購買物流 | 製造 | 出荷物流 | マーケティング営業 | サービス |

→ マージン

ると、もののやり取りは決まっていても、どんな情報交換をすればよいのかが決まっていないからです。

一連の事業活動を価値の連鎖としてとらえる考え方を「バリューチェーン」（Value Chain：**価値連鎖**）といいますが、企業のどの価値を外注化するのか、という説明によく使われています。

価値が連鎖できるためには、さまざまな情報が行き来することが重要です。日本企業だけなら、約束が詳細に決まっていなくても、担当者の優秀さと献身的努力で価値連鎖を維持できます。

ITが発達しても、実際に交流して確認しなければならないことは多くあります。日本企業相手ならやらなくていいことでも、海外外注では必要なコミュニケーションとして明文化します。

7-6 海外企業と契約するときに注意すること

契約書にはどこまで織り込むのか

　海外の外注先とSCMを維持するには、日本企業とのやり取り以上に**綿密な約束の取り決め**が必要になります。そして、その取り決めたことを必ず契約書に反映させなければなりません。

　日本企業が相手なら、あいまいな部分を残したまま進んでも、ある程度落ち着く先は決まっていますが、海外外注の場合には、契約書に何も書かれていなければ、海外企業は自社の有利なように解釈してきます。契約とはそういうものだということを日本企業は認識しなければなりません。

　一般的に日本企業は、契約書の内容についてリーガルチェックにとどまっている傾向があります。また、法務担当者にビジネスの細部を想定してチェックしてもらうのはさすがに限界があります。

　契約書にビジネスノウハウの詳細まで規定するのは必ずしも必要ではありませんが、お金やモノのやりとりで重要な部分は、最低限「覚書」などでカバーしておく必要があります。

　たとえば、よく問題になるケースとして、仕様変更や納期変更に対する考え方の相違があります。これくらいの変更なら追加の費用は発生しないだろうなどと考えていても、海外企業のお金に対する厳しさは日本企業とは大きく異なります。

　したがって、どこまでが注文主の責任で、どこから外注先の責任かを、1円単位のレベルまで吟味して契約書に盛り込まないとトラブルの元になるのです。

海外企業には図で説明するのも一法

　海外の外注先との責任範囲でトラブルになる理由は、想定できる

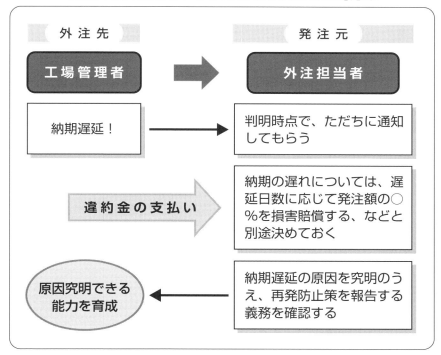

◎海外の外注先とトラブルになったときの対応◎

トラブルすべてをリストアップしていなかったことと、リストにあげた項目の責任範囲を明文化できていなかったことにあります。

　境界線を引くことはもともと簡単ではないうえに、海外企業では図で説明できない人が多く、言葉で境界線を示そうとする傾向があります。

　一方で、日本人は言葉で物事を理解するよりも、図で物事を理解するほうが早いと考えています。相手のペースに乗らないようにするには、図で示すことは効果的です。

　多くの日本企業では契約書のひな型が用意されているため、原則的なリスク管理は働いていますが、海外企業と解釈の相違が発生しないように、小学生にもわかるような工夫をして説明するとよいでしょう。

7-7 海外企業の外注管理のポイント

欠陥ゼロをめざす品質管理

　海外外注における悩みの多くは、「QCD」（品質、コスト、納期☞20ページ）の管理にあります。特に、品質管理に関する問題が多いようです。

　一般的によくいわれるのは、日本企業と海外企業との**品質に対する考え方の違い**です。契約はどうであれ、あくなき欠陥ゼロの達成をめざす日本企業と、契約の範囲内であれば問題ない、欠陥ゼロは最初から「無理」と考える海外企業——こういった姿勢の違いは態度にも現われます。

　最近では、品質管理に対する日本企業の考え方を理解してくれる海外企業も多数出てきていますが、欠陥ゼロまでの道のりはまだまだ遠いようです。

　不良率ゼロで納品されることを期待するのであれば、海外企業内に専用の検査員を常駐させて不良品をはじいてもらうか、日本に持ち込まれたときに全数検査して、契約不履行があればペナルティを課すという契約にすることのどちらかで解決するしかないでしょう。

　これは交渉事であり、双方の企業の力関係にもよりますから、どちらが正解ということはありませんが、何らかの対策を講じることは必要です。

　いずれにしても、品質管理における不良品対策は奥が深いため、海外の外注先との間では解決まで長引くやっかいな問題であることは確かです。

コスト管理、納期管理のしかた

　海外外注でお金に関することは、あらかじめ契約書できちんと規

◎品質管理のしかた◎

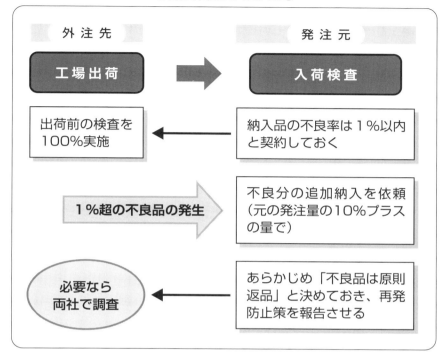

定しているはずなので、コスト管理に関して問題になる頻度は少ないのですが、いったん問題になると大問題になる傾向があります。

たとえば、海外の外注先からある日突然「現在の契約金額では納品できない」という通知がやってきたとします。しかし、急に言われても簡単には認められません。大慌てで対策をとる必要が出てくるわけです。

そうならないためにも、監査項目に組み入れておき、早期にその兆候を見つけておくことが最良です（詳しくは次項参照）。

一方、納期管理についてはコスト管理よりは見える化しやすいため、トラブルの兆候は発見しやすいといえます。納期遅延の原因もわかりやすいので、早く把握できれば対策も取りやすく、ふだんの作業で監視を怠らないことがポイントです。

7-8 監査のしかたと実施ポイント

なぜ立入検査が必要になるのか

　外注管理の重要事項として「**立入検査**」（監査）があります。ただし、立入検査の本当の目的は、QCDに関する問題点を見つけることではなく、**外注企業の体質強化**にあります。

　もちろん、監査を頻繁に行なって、問題点の早期改善に努めるということは重要です。自動車業界のようにティア1、ティア2の階層構造であれば、上流企業が経営から現場改善まで徹底的に関与して指導することができます。対等な関係やパートナー企業であれば、契約の際に立入検査（監査）を受け入れてもらい、検査結果を共有して**パートナーの自助努力を促す**か、**発注側が防御策を備えておく**ことで対応することになります。

　海外の外注先の技術や能力に依存しているのであれば、立入り自体が認められない可能性があり、立入りできても指導まではできないでしょうから、気づいた点を共有することで終わってしまうかもしれません。リスクを感じたら、自社だけで対応することになります。したがって、問題解決のためには、外注先を変更するなどの戦略まで含めて考え直すことになるかもしれません。

監査する担当者に必要な資質

　国内企業への外注であれば、現地訪問の頻度が少なくても情報はどこからか入手できて早期の問題解決につながるかもしれませんが、海外外注では一瞬でも目を離さない心づもりが必要で、訪問回数も多くなるでしょう。

　ライバル企業の登場やモラルの低下など自社に好ましくない兆候は、現地に行かないと見つかりません。日本企業に対する場合と同

◎監査する際のポイント◎

監査の方法は、ISOの外部監査の内容や時間を参考とし、外注契約に直接かかわる生産管理・技術管理が中心調査項目になります。

項　目	内　容	留意点
1．経営管理	●経営者インタビュー ●企業の経営方針・最近の経営課題 ●契約業務の実施状況確認	―
2．生産管理	品質、納期、コストを、現場の実績記録を確認しながら、担当者インタビューも実施	現場の活性度や5S状態を観察
3．技術管理	技術開発状況や人材研修の調査	（7-4項参照）
4．財務管理	財務状態については、相手から報告書を提出してもらうか、専門家に依頼する	―
5．ISO系	安全、環境、情報セキュリティに関する監査	
6．その他	事業に関連する法令遵守などの確認	―

（※）監査項目は多岐にわたるため、調査の徹底度などは日程とバランスに配慮する。

じ要領でチェックポイントを明確にしないで視察している例も多いようですが、監査が入っている間だけ負の部分を見せないようにして、帰国すれば元の木阿弥になる海外企業もあります。

　特に、海外企業を監査する人は、**企業評価の目利き**として、経営や技術の訓練を積んでおかないと改善の助言をすることは難しいはずです。目利きになってくると、内部の雰囲気や5S（整理・整頓・清掃・清潔・躾）状態を見ただけで、従業員のやる気や工程の不具合を見つけます。

7-9 外注管理とは、いわば「リスク管理」である

海外外注のリスクは急に生じたものか

　海外外注に手を焼いて、結局は撤退してしまったという日本企業はたくさんあります。7-1項でも触れたように、海外企業に外注した半数以上の企業は、目標が達成できていないといわれています。

　海外外注する際の管理に関しては、主に現在顕在化している問題について本章でその原因や対策について説明してきましたが、本当ならば**トラブルは未然に防止しておきたい**ところです。

　未然に防止するというのは、「リスク管理」を充実させることでかなり達成できます。一般的に、日本企業はリスク管理が不十分であるといわれていますが、リスクが想定できていないわけではなく、その対策内容が不完全であったり、または対策を講じていても不徹底であることが目立ちます。

　たとえば、最近では津波や洪水により海外の外注企業に被害が出ていることが報道されていますが、これらの現象もその地区にはもともと潜在的な危険地域と認識されており、急に起こった問題ではなかったのです。調査から漏れたのか、危険リストに掲載されていたのかはわかりませんが、もし徹底検証していたら、その外注先には発注していなかっただろうと推察できます。

　「雷は落ちて初めて様がつき」という有名な川柳がありますが、日本人の危機管理意識の希薄さは伝統的なものかもしれません。

もともと外注は日本独自のスタイル

　以上のことから考えると、海外外注では海外ならではのリスクをどうさばいていくかが重要になります。

　日本企業の多くは、外注先を人間観察で評価しがちですが、海外

◎日本的経営と海外企業の考え方との違い◎

日本的経営	内　容	海外企業の考え方
家族主義	経営家族主義。会社は社員のためにある。	会社は株主資本により存在する。経営者はプロ。
企業間関係	長期安定的な取引関係を重要視する。	長期的関係は望むが、あくまでも利害関係。
雇用制度	新卒一括採用、終身雇用、年功序列により、幹部社員の忠誠心を期待。	職能制、同一労働・同一賃金が原則。社員が工程改善することを前提としない。
市場慣行	官僚統制、官民協調、業界団体内の調整。	海外では政治的な介入、官民協調はあるが、利害関係での連携色が強い。
情報公開	長期的な視点での経営を好まれる。	短期的な業績を重視。経営者や担当者を入れ替えるのは当然のこと。
意思決定	稟議制度に代表される、集団主義的・ボトムアップ方式の意思決定が好まれる。	経営者の権限は強く、日本以上に経営者の性格に左右される面がある。

（※）たとえば、アメリカ的経営といわれるものもあり、海外外注するときには、経営に対する考え方の差に配慮しなければなりません。

には外注・下請構造の歴史がないという点に着目する必要があります。現在の外注スタイルは、日本企業の先駆者たちが合理性をもとに開拓してきたものである、ということです。

　海外の大企業は、そもそも下請けや協力企業は存在しないので、必要ならネジ1本から自社内でつくるということをしてきました。

　日本でも過去にはその形態をとっていたのですが、下請けや外注があまりにも普通になってしまいました。歴史を積み重ねて外注管理が進んできた日本企業と、まだ歴史が浅い海外企業の違いから来るギャップを担当者が理解しておかないと、問題が見えてこない恐れがあります。

7-10 海外外注のリスクに対応する方法

リスクが想定されたら対策を講じておく

　前述したように、海外外注に関するリスクの多くは想定可能です。繰り返しになりますが、日本企業の陥る問題は、対策の不徹底が目立ちリスクを甘く見る傾向が強いことと、完全な対策はお金がかかるので最初から無理だと決めつけていることにあります。社内での議論や対立を避け、深く立ち入らないようにする日本人気質も原因の一つかもしれません。

　しかし残念ながら、起こってほしくない問題が起こるのが現実です。2011年にタイのバンコクで洪水のために、日本企業のサプライチェーンがズタズタになり、大問題になったのは記憶に新しいところです。

　実は、洪水のリスクを認識していて、工場用地や外注対象からバンコクを除外していた企業も多数存在していた事実があります。

　もし、洪水のリスクがあると知れば、対策は明確です。**現地の企業には発注しないか、バックアップ策を持っておくかの2つです**。さらに、リスクが小さいと見れば、**万一のときの保険**をかけておいて、対策費用を確保しておくという考え方もあるかもしれません。

　とにかく、リスクを感じても対策を立てないで様子を見るというのは最も避けておきたいことです。タイの洪水対策の事例のように、リスク回避策の実行が重要と思った企業が正しいのか、結果的に無策であった企業が正しいのか、の判定は明らかです。

　そのほか、海外特有のリスクとしてよく引き合いにされるのが、次ページ上表に示した内容です。つまり、政治的介入、地政学的問題、為替変動、石油価格、銅やアルミなどの価格変動などです。

　別の見方をすれば、**海外外注自体を企業リスクのヘッジとして使**

◎海外外注で考慮するべきリスクの事例とその対応策◎

リスク例	内　容	回避策
為替変動／原料価格の急騰	さまざまな理由で起こりうる、製品価格に転嫁できない問題	● 円建ての決済 ● 保険をかける
人件費増	アジア地区などの人件費高騰は、コストの圧迫要因になる	● 自動化の推進 ● 外注先の変更
地理的リスク	洪水、地震、竜巻、噴火、津波などは致命傷になる	リスクの度合いを分析して判断
キーマンの動向	経営者や設計者など、キーマンが企業からいなくなるリスクがある	バックアップ策を講じる
PEST分析	政治的介入をはじめ、マクロ的な分析から判断されるリスク	リスクの度合いを見極めて判断

◎最善の対策となり得る4つのリスク回避策◎

回避策	内　容	備　考
①リスクをゼロ化	リスクをなくすか、ゼロに近い策がとれないか再検討する	―
②バックアップ	万が一発生したときを考えて二重化しておく。最も現実的な回避策	外注先の2社体制、輸送体制の改善など
③保険をかける	発生してしまったら、被害額を最小限にすることで最悪の危機を防止	―
④撤退する	発生したらすぐに撤退する準備をしておく	―

う考え方もあります。そもそも海外外注を考えたのは、国内での経営危機を回避する目的があったからです。

　企業経営には、リスク管理がつきものです。正しくリスクを把握して、正しく対策を講じなければ持続的発展はできません。

知っトク！COLUMN

「先物取引」によるリスクヘッジ

　海外特有のリスク問題としてよく引き合いにされるのが、為替変動、石油価格、銅やアルミなどの**価格変動リスク**です。

　原材料価格の高騰や円高による損失で、利益が吹き飛んでしまったという事例は、多くの日本企業が経験しています。

　このような変動には、「**先物取引**」というリスクヘッジのしくみがあり、リスクを抑える手段として活用されています。

　先物取引というのは、売買期間が定められている商品取引（金融取引）ということです。期日が来たら損をしようと得をしようと、必ず決済をしなければなりません。

　ただし、この先物取引のしくみは複雑です。少ない資本で大きな取引ができる一方で、大きなリスクを抱えることや、バブルの時代に大きな損害を被ってトラウマになっている人が現在も少なくないために、十分に活用されているとはいえない面があります。

　しかし先物取引は、適切に活用すれば経営リスクの低減に役立ちます。

　そもそも、原材料の値上げは避けられないとしても、急に上がることが問題となるのです。原材料価格の上昇がゆっくりであれば、商品価格に反映できるなどの対策を打てるので、企業の安定経営には有効となるわけです。

　ちなみに、世界初の公認の先物取引は、紆余曲折を経て多くの苦労のうえに1730年（享保15年）に江戸幕府公認として大坂に堂島米会所（公認の帳合米取引）として誕生しました。

　世界で初めてこのしくみを実用化した日本で、この制度があまり有効に使われていないのは不思議です。

8章

新しい時代の外注管理の
あり方・考え方

Outsourcing Control

執筆◎神谷 俊彦

8-1

インダストリー4.0の進展と外注

インダストリー4.0の現在は？

　外注の一つのあり方として引き合いに出されるのが、「**インダストリー4.0**」です。

　インダストリー4.0とは、ドイツを中心に研究されてきた「ものづくり方式」で、ひところは日本でも話題になっていましたが、最近はあまり大きな話題にはなっていないようです。しかし現実には、ますます進展がみられ、日本でもその考え方にもとづく小ロット多品種（あるいは1個流し）の大量生産型生産方式を追求している事例が報告されています。

　ドイツがめざすものは、ドイツ全体をＩｏＴにより一つの生産ラインと見立てて、注文がきた時点で、最適の生産工程を確立し、多様な注文を大量生産並みのコストで顧客に提供しようというものです。端的にいえば、**ＩＴ活用による究極の分業生産**であり、もちろん課題もたくさんあげられています。

　欧州の企業では、伝統的にこのような理念をもとにシステムを形成していく方法をとる傾向があり、それを着実に進めていくのも欧州らしいといえます。

工場はどのように変わっていくか

　この生産方式においては、それを支える工場のあり方も大いに変化していく必要があります。フォーマット化された注文、ＩＴ武装による高い生産性、品質管理の自動化などが、このシステムを支える工場に対して要求される機能ということになります。

　スウェーデンのグローバル企業ＩＫＥＡは、この理念に近い生産工場によりグローバル展開をしています。一見、個性があるように

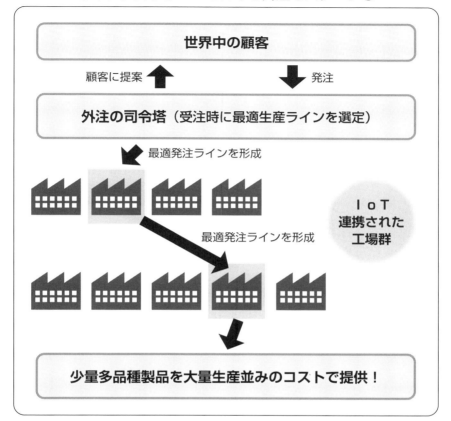

◎インダストリー4.0にみる外注のパターン◎

見える家具も、シンプルな部品点数で構成されています。外注先として活躍したい企業が備えるべき要件は、この事例から推察することができます。

インダストリー4.0が投げかける工場への課題は、実は、ものづくりだけでなく、サービス産業にも当てはまるものです。ほしいものが、ほしいときに、ほしい量を、低価格で提供されるようになることは、ユーザーとしては当然の願望です。そこに至るまでには規格化の壁が存在していますが、そこを突破できた企業が強く大きくなっていくことでしょう。

8-2 グローバル企業の外注戦略

開発・設計工程と製造工程を分業化する

　前項であげた事例は、誰が外注管理者なのかということよりも、1個1個が決められた機能をこなせば成立するという自律分散型のシステムです。責任を持つとすれば、政府や官公庁といえるかもしれません。

　外注の一つのあり方として、新規商品開発や設計業務などの上流工程と、ものづくりや組立てなどの下流工程を分業するという考え方で、責任分担を明確にする方式があります。設計のみで工場を持たないファブレスの形態や「EMS」(Electronics Manufacturing Service：電子機器の受託生産サービス) という受託形態が有名です。

　もともとこういう形態は、設計は先進国、ものづくりは人件費の安い発展途上国という図式から成長してきているため、電子部品・アパレル・日用品・PCなどの業界で有名になり、いまは珍しい形態ではありません。

日本でもIoT化、IT化が進んでいる

　自動車や航空機など複雑な製品は、生産だけでなく輸送手段や政治までからんでくるため、明快に割り切ることは難しいようですが、上記のような形態は近未来の一つの姿として、こういう産業にも広がっていく余地があります。

　たとえばEMSという形態は、工場として見てみると、従来は安い人件費を駆使して人海戦術で大量生産を実現してきましたが、現在ではIoT化してロボットをずらりと並べることで大量生産・1個生産を実現する形態も現われています。人件費にこだわらなくても、コスト競争力のある生産拠点をつくることができる、という事

◎ファブレスとEMSにみる多様な外注形態◎

ファブレス
工場を持たない製造業

EMS
受託生産を行なうサービス

その他の主要な受託形態
ファウンドリ、OEM、ODM

現在は変化（進化）
のきざしあり

1つの企業が同じジャンルで
EMS事業も独自ブランド事業も行なう
（OEM、ODMも受け入れる → 何でもあり？）

設計開発会社からみれば選択肢が多様化し、
電子部品製造業でなくても、すでに
すべてを1社で実現する時代ではない！
（勝ちパターンが何になるかの見極めが重要）

例です。

　日本においても、**ITを活用**して驚くほど少人数で高機能なマシンを24時間動かしている工場が現われています。最新鋭の高度な機械を持っていても、夜間に止まっていたのでは利益になりません。

　高性能なマシンから生まれる高機能製品や部品であれば、インダストリー4.0に加わらなくても、世界中の設計開発型企業から受注できるでしょう。

8-3 フリーランスという外注の方法

「フリーランス」の外注とはどんな形態か

　本書では、「外注とは」という問いかけに対して、「アウトソーシング」「業務委託」「派遣」「外部発注」などの区分をつけて説明してきました。

　これらの外注パターンは、企業から見ると法律的な面、契約的な面、報酬の面でさまざまな差異や留意点が存在していますが、すべての形態は、あくまでも対企業あるいはそれに準じた組織に対して業務を任せるという形態になっています。

　このように、きっちりと契約ベースで外部企業と体制をつくり、社内の1プロセス並みにサプライチェーンとして扱う外注形態が必要性を増す一方で、仕事本位の関係のみでそれ以上の関係に発展させる予定もない**薄いつながりを活用する機運**が高まっています。

　最近増えてきたのは「フリーランス」の活用という形態です。

　たとえば、クラウドソーシングなどのようにインターネットを通して**社外の不特定多数の人に外注する**という形態が徐々に増加し、珍しくなくなってきました。

　その背景にあるのは、労働力不足の解消などに外部の人材を使いたいという企業ニーズと、ネットの普及を背景にシニアや女性たちがフリーランスとして自律的に仕事を求める、あるいは働くことを希望する新しいワーカーのニーズが合致してきたということです。

　企業側としては、対組織にはない、ある種の制約や煩雑さを避けて技能や技術だけを活用できる点に魅力があるため、これからも外部リソースとしての存在感を増してくるはずです。

　そこで企業内には、フリーランスの活用による業務の外注化に対する備えを充実させていくことが必要です。**自社で活用できるフリ**

◎外注管理の未来はフリーランスの活用◎

> フリーランスとは、会社や団体などに所属せず、仕事に応じて自由に契約できる人のこと
> （自分の才覚などで仕事をしている人）

> フリーランスを束ねて
> 企業にサービスを提供する会社も増加中
>
> 企業としては、そのような仲介サービス会社の存在は
> フリーランスの活用を身近なものにしている。

フリーランスとは

> どこにも所属しない
> 槍騎兵（ランサー）
> ↓
> フリーなランサー
> （LANCE＝槍）

ーランスをデータベース化しておき、必要なときに必要な技術を短時間で獲得する体制を確立し、トラブルが発生しないような法的な対応体制や、社員にも意識づけして適切に外部を活用できる研修教育体制などを充実させることになります。

　社内のどんな業務がフリーランスに向いていて、それに適する外部資源とどうコミュニケーションをとるのかなど、いろいろ課題はあるとしても、外注活用の未来型形態の一つの方向性としてフリーランスが存在するのは間違いありません。

8-4 事業承継と外注管理

事業承継がうまくいかずに外注先が減っている！

　日本では、大企業だけではなく、いままで外注を受けてくれた企業がどんどん減ってきています。

　それは、経営者の高齢化ばかりが原因ではなく、経営不振や従業員不足が長く続いた結果の現われです。外注企業の減少は、発注側企業にとって大きなマイナス要因であることは間違いありません。

　政府も、このような企業数の減少が日本経済に大きな損失をもたらさないようにするため、さまざまな施策を打っています。

　その一つが「**事業承継補助金**」です。事業承継にあたり、経営革新を実行する企業には補助金を出すというもので、生き残りをかける事業者を支援していこうとするものです。

　補助金の採択条件には「経営革新を行なうこと」という条件がついているので、たとえば、この補助金を受けた下請けなどの企業が今後どのように生き残りを図ろうとしているのかが見えてきます。

　経営革新の具体的な内容として、新事業展開や新分野進出ということが例示されているので当然、その事例が多く見受けられます。まさに、アンゾフの成長マトリックス（☞32ページ）における「**多角化戦略**」が多く見られます。

　自社のコアな技術や技能を活かして、新しい市場に新しい製品を投入するという「水平型」「垂直型」「集中型」「コングロマリット型」の４つのパターンで示される有名な戦略的提案です。

外注先の事業承継はコスト削減のチャンス!?

　外注先が事業承継を行なう際に、このような補助金を活用して新しい事業に進出していくときは、発注側にもコスト削減のチャンス

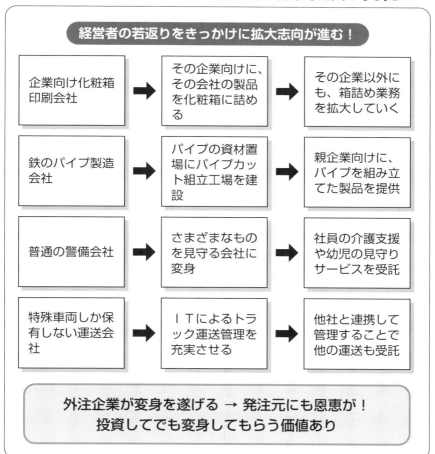

が生まれます。

彼らの技術やノウハウを活かして新しい挑戦をする、ということですから、それまで依頼していなかった部分や、他社に依頼していた部分を集約して依頼できる機会になるということです。

外注管理の担当者は、未来を考えるときにこのような動きを必ず見ておくべきですし、発注元にしてみれば、お金を出してでもこのような動きを促すことを考えるのが得策です。

8-5 ＡＩ時代の外注管理

⋯⋯ＡＩ化が進むと外注管理はどうなっていく？

　この章では、外注の未来の形を見たうえで、外注管理の予想できる課題について検証してきました。

　もちろん可能性としては、この章で紹介した以外の外注形態も考えられるわけですが、どれもが突き詰めていくと、ＳＦ映画にみられるような人工知能（ＡＩ）、ロボット、キャッシュレスが行きわたった社会の到来を予言しているように感じます。

　しかし、それらが行きわたった頃に、**外注管理における人間の役割は果たしてどうなっていくのか**…、それを推し量ってみたいと思います。

　人手不足や高齢化社会を受けて、日本企業全体は徹底して**省人化**を達成しなくてはならない現状にあります。

　そのため10年後には、ＡＩやロボットなどがさらに普及しているのは明白です。ＡＩにより人間は軽度な判断をしなくてもすむようになり、単純作業はロボットに置き換わるので、外注管理業務の大幅な生産性向上が達成できることは可能と判断できます。

　そうだとすると、これらの進展により、人間には**余剰時間**がもたらされ、その時間を何に使うことになるかが問題になってくるのです。

　たとえば、将来の製造業では、外注管理業務を離れてまったく違った仕事をすることになる人がいる一方で、**より高度な仕事に集中して取り組む外注管理担当者は残る**ことになります。

　高度な仕事とは、外注評価や監査業務（経営システムや品質保証システムのチェックなど）、外注管理システムの維持・改善などの業務をさします。７章まで説明してきた、業務全体をレベルアップ

◎人工知能（AI）による外注管理◎

AIは、人間の知的行動をソフトの力で再現したもので、現在のAIの活躍は、AI将棋やAIスピーカーなどの情報により誰もが実感しているはず。AIによる外注管理も、人間が行なうように、決められたタスクを学習しながら実行します。

人工知能は現在、第3次ブームといわれています。1次、2次のブームとは違い、はるかに現実の世界で活躍しています。これは、ITの発達により、機械学習・深層学習の技術が飛躍的に進んで、使いやすくなったからです。

【外注管理において、AIが実現できる事例】
- 案件ごとのプロジェクト管理とトラブル予告の警告
- 各種データ（品質や納期など）の自動収集と分析報告
- 監査データ収集と改善案の作成

するべき課題については、これから10年経ってもゼロになるとは思えません。

世の中から「モノ」や「サービス」がなくならない限り、「ものづくり」はなくなりません。前項まで紹介してきたように、ものづくりの形態は多様化しても、外注を活用する以上、「品質」「コスト」「納期」を厳守するという管理の仕事は、企業にとっては決定的に重要事項です。

未来においても、外注管理の業務は変化・進化を遂げながらも、その重要性は変わることはないと確信しています。

知っトク！COLUMN

ＲＰＡの浸透

　「ＲＰＡ」とは、「Robotic Process Automation」の頭文字からきた言葉で、業務プロセスを自動化するソフトウェアロボットのことをいいます。

　会社の仕事というのは、いくつもの業務ソフトウェアで成り立っていますが、そのソフトを動かすためにデータを手入力している事例は多くあります。そのデータのもとは、手書き伝票や他の会社で作成した申請書などです。

　これを自動的に読み取って必要な業務ソフトに入力するのが、ＲＰＡの機能です。このようにして、いままで人手で行なっていた事務作業を、ソフトウェアロボットが代行してくれるわけです。

　ロボットの代表的なつくり方は、専用のソフトウェアを立ち上げてその画面上でふだんの作業を行なうと、ソフトウェアがその作業をそのまま覚えこんでロボットができあがる、というものです。開始命令を出せば、記憶どおりの作業をしてくれるということです。

　ソフトウェアロボットは、経年劣化の心配はなく、機械である産業用ロボットのように油を注したり、長く保つためにきれいに磨いたりする必要もありません。そして、「遅刻しない」「退職しない」「休憩しない」「間違えない」「文句を言わない」ということです。こうしたことからＲＰＡは、Digital labor（デジタル労働者）と呼ばれることがあります。

　ＲＰＡシステムに必要なロボット１台当たりの価格は、シンプルな機能に特化した100万円を切ったものから、複数のロボットを連携してコントロールする数千万円のレベルまでさまざまですが、その効果が認められ、産業界に確実に浸透しています。

　したがって、外注管理の世界にも広がっていくのは確実です。

おわりに

　本書をまとめ上げてみて感じるのは、「外注」という存在の危うさです。
　すなわち、企業にとって外注は必須なのですが、外注先とは資本関係までもつ強固な連携ではないし、自社に取りこんでしまうほどのコアではないということです。下請けのようで下請けではない、系列のようで系列とはいえない、その時々の経済環境や発注側の都合に影響されて外注先の立場も変わります。
　関係性が微妙な位置にある存在という前提で業務を行なっているのが、外注の担当者です。しかも担当者は、その立場に気づくことなく仕事をしている場合が少なくありません。
　外注は、これからも企業にとってなくてはならない存在であるわけですが、何か問題が起きたときに、担当者の努力だけでは正解が見つからない場合もあります。外注担当者は、変化に対応して業務をするしかないでしょう。
　しかし、確かなことが2つあります。1つは、外注担当者は外注先の企業との共存共栄（Win-Win）の関係を築かなくてはならないこと、2つ目は、外注される側は発注元だけに依存する経営体質を避ける努力をする必要があること、です。
　それを踏まえた未来志向で外注管理をすすめていくために、本書を活かしていただけることが、私たち執筆者の願いということでまとめさせていただきます。
　なお、本書の実現にあたって、いつもアドバイスいただいている中小企業診断士の六角明雄先生、アニモ出版の小林良彦さん、本書製作に携わっていただいたスタッフの皆さま、そして個別に助言をいただいた皆さまにも、この場をお借りして感謝申し上げます。

執筆者一同

【執筆者プロフィール】

神谷俊彦（かみや　としひこ）監修および7章・8章を担当
大阪府出身。大阪大学基礎工学部卒業。中小企業診断士、ＩＴコーディネータ、Ｍ＆Ａシニアエキスパート。富士フイルム（株）にて技術・マーケティング部門で35年勤務後、独立。同時に経営コンサルタント会社（株）ケービーシーを設立し、代表取締役に就任。現在、（一般社団法人）城西コンサルタントグループ（ＪＣＧ）会長として、会員とともに中小企業支援を行なっている。得意分野は、ものづくり支援、海外展開支援、ＩＴ化支援。
著書に『図解でわかる品質管理　いちばん最初に読む本』『図解でわかる購買管理　いちばん最初に読む本』『図解でわかるＩｏＴビジネス　いちばん最初に読む本』『生産管理の実務と問題解決　徹底ガイド』（以上、アニモ出版）がある。

滝沢悟（たきさわ　さとる）1章・4章を担当
秋田工業高等専門学校卒業、慶応義塾大学経済学部卒業。日本電信電話公社（現ＮＴＴ）入社、電気通信設備の設計開発などに従事。ＮＴＴ支店長、ＮＴＴグループＩＴ企業の総務人事部長等を歴任後、中小企業診断士として独立。現在、（一般社団法人）城西コンサルタントグループ理事・副会長として企業経営支援、ＩＴ経営、海外進出など多方面で活動。
著書に『中小企業のイノベーション（経営革新・新事業開発）支援』（三恵社）、共著書に『図解でわかる品質管理　いちばん最初に読む本』『図解でわかるＩｏＴビジネス　いちばん最初に読む本』『生産管理の実務と問題解決　徹底ガイド』（以上、アニモ出版）がある。

野村純一（のむら　じゅんいち）3章・6章を担当
東京都出身。東京大学大学院工学系研究科修士課程修了（電気工学専攻）。中小企業診断士。ＮＴＴグループにてインターネット事業や海外事業に従事した後に、通信建設会社のミライトグループでＩＴソリューション事業担当の取締役を務めた。退任後に独立して（株）ゲンザイを設立、代表取締役として現在に至る。
（一般社団法人）城西コンサルタントグループ所属。

景山洋介（かげやま　ようすけ）2章・5章を担当
兵庫県出身。大阪大学基礎工学部卒業。中小企業診断士。大手電機メーカーのＩＴ系グループ会社にて、システムエンジニア、法人営業、セールスエンジニアを経験後、独立。現在は、（株）O's&Tec（オズアンドテック）の取締役として、同社の財務に関わる業務、海外展開、環境省系補助金事業の遂行を行なっている。得意分野は、補助金支援（ものづくり補助金、環境省系、国交省系）、ＩＴ化支援。
（一般社団法人）城西コンサルタントグループ所属。

一般社団法人 城西コンサルタントグループ（略称：ＪＣＧ）

国家資格の中小企業診断士を中心とした100余名のコンサルタントが所属している経営コンサルタント集団。2009年に発足し、首都圏を中心に全国のお客様にコンサルタント活動・研修セミナー・各種調査事業を行なっている。会員による個別企業の経営コンサルタントを行なうのはもちろん、企業が抱えるさまざまな課題（売上・利益改善、事業承継など）に対して、多彩な専門分野をもっている会員たちでベストチームを組んで、的確にかつスピーディな診断や助言を行ない、お客様から高い評価をいただいている。

本　　部：東京都新宿区新宿２丁目５－12
　　　　　FORECAST新宿 AVENUE　6階
ＵＲＬ：http://jcg-net.com/
mail　：info@jcg-net.com

図解でわかる外注管理 いちばん最初に読む本

2019年1月20日　初版発行

編著者　神谷俊彦
著　者　滝沢悟・野村純一・景山洋介
発行者　吉溪慎太郎
発行所　株式会社アニモ出版
　　　　〒162-0832 東京都新宿区岩戸町12 レベッカビル
　　　　TEL 03（5206）8505　FAX 03（6265）0130
　　　　http://www.animo-pub.co.jp/

Ⓒ T.Kamiya 2019　ISBN978-4-89795-221-5
印刷：文昇堂／製本：誠製本　Printed in Japan

落丁・乱丁本は、小社送料負担にてお取り替えいたします。
本書の内容についてのお問い合わせは、書面かFAXにてお願いいたします。

アニモ出版　わかりやすくて・すぐに役立つ実用書

図解でわかる品質管理
　　　いちばん最初に読む本

神谷 俊彦 編著　　定価 本体 1600円（税別）

　品質管理はすべての企業に欠かせない。QCのしくみと基礎知識から実践的な統計的分析手法・経営戦略まで、図解とわかりやすい解説で初めての人でもやさしく理解できる入門書。

図解でわかる購買管理
　　　いちばん最初に読む本

神谷 俊彦 著　　定価 本体 1600円（税別）

　購買担当者は、適正な品質のものを、適正な価格で、納期どおりに入手する必要がある。その仕事のすすめ方から、コストダウン・情報化戦略のポイントまでをやさしく解説する1冊。

図解でわかるＲＰＡ
　　　いちばん最初に読む本

神谷 俊彦 編著　　定価 本体 1600円（税別）

　ＲＰＡとは、ロボットのように高度化したソフトウェアによる業務の自動化のこと。そのしくみなどの基礎知識から導入手順、活用法、成功事例までをやさしく解説した入門実用書。

生産管理の実務と問題解決
　　　　　　徹底ガイド

神谷 俊彦 編著　　定価 本体 2200円（税別）

　工程設計から設備管理、外注管理、コスト管理、現場改善運動、そしてＡＩ、ＩｏＴの活用まで、生産管理に関する問題について、図解と事例を交えながら、やさしく手ほどきする本。

定価には消費税が加算されます。定価変更の場合はご了承ください。